# Monuments
# et sites historiques
# du Québec

Marie-Thérèse Thibault,
compilatrice

**4**

Publication du Centre de documentation de la Direction de l'inventaire des biens culturels.

Dépôt légal, premier trimestre 1978
Bibliothèque nationale du Québec

ISBN 0-7754-2925-2

(c) Ministère des Affaires culturelles, 1978

Design graphique: Couthuran

Photo couverture: Guy La Roche

## Remerciements

Cette publication a été rendue possible grâce à la collaboration de toutes les directions de la Direction générale du patrimoine. Que ces organismes de même que toutes les personnes impliquées dans cette publication trouvent ici l'expression de ma plus vive gratitude.

Michel Cauchon, directeur
Direction de l'inventaire des biens culturels.

## Abréviations

A.P.C.: Archives publiques du Canada

E.O.Q.: Éditeur officiel du Québec

I.B.C.: Inventaire des biens culturels La cote qui suit le sigle I.B.C. sous les photos se réfère au numéro de négatif déposé au centre de documentation de la direction de l'Inventaire.

M.A.E.Q.: Musée d'archéologie de l'est du Québec, Rivière-du-Loup.

N.P.A.: Notman Photographic archives, McCord Museum of Mc Gill University, Montréal.

R.O.M.: Royal Ontario Museum, Toronto

U.Q.A.M.: Université du Québec à Montréal

## Tables des matières

**5**

Les premiers classements de monuments historiques remontent à 1929 et furent réalisés en vertu de la «*Loi relative à la conservation des monuments historiques et des objets artistiques ayant un intérêt historique ou artistique*», sanctionnée le 21 mars 1922. En 1952, la «*Loi relative aux monuments, sites et objets historiques ou artistiques*» remplaça la précédente. Elle fut abrogée en 1963. Une nouvelle «*Loi des monuments historiques*» obtint sa sanction le 10 juillet 1963 et fut en vigueur jusqu'au 8 juillet 1972, date à laquelle fut sanctionnée l'actuelle Loi sur les biens culturels.

Le 1er janvier 1977, le Québec comptait 354 monuments et sites historiques classés selon le rythme suivant:

de 1929 à 1952: 3, de 1952 au 10 juillet 1963: 95, du 10 juillet 1963 au 8 juillet 1972: 117, du 8 juillet 1972 au 31 décembre 1976: 139.

La conjoncture, la législation et les moyens techniques aidant, le phénomène du classement de biens culturels par l'État s'est donc accrû à un rythme impressionnant et le temps nous semble venu d'en dresser le bilan. Le présent cahier a été préparé par nos services afin de mettre à jour la liste des immeubles inscrits au registre des biens culturels.

Tous les sites et monuments historiques classés ou reconnus du Québec y sont présentés avec un résumé de l'information s'y rattachant. On s'apercevra, à la lecture, de l'inégalité du matériel documentaire disponible, de l'absence de certains monuments de toute première importance ou de l'ignorance complète de certaines régions du Québec.

Ces carences ont diverses causes: la faiblesse des moyens avant la création de la Direction générale du Patrimoine en 1973, les limites des lois antérieures à 1972 qui ne permettaient pas le classement sans le consentement du propriétaire et la pression liée surtout à la conjoncture du développement dans les grandes villes.

Certains critères, qui se sont développés au cours des années, ont prévalu à la sélection des classements. Parmi ces critères, on note l'ancienneté, la qualité plastique, l'originalité technologique, l'état de conservation, l'authenticité, la rareté, la contribution à l'environnement, l'intérêt historique et la menace physique.

Le bilan nous démontre, cependant, qu'il devient impérieux que le partimoine national protégé soit sélectionné régionalement en fonction des particularités culturelles des différents coins du Québec. Aussi devra-t-on considérer l'élargissement de la typologie des biens protégés à des éléments représentant une plus large portion des caractéristiques culturelles du Québec, introduisant dans le patrimoine priviligié du Québec des éléments représentatifs de la culture entendue comme mode de vie des québécois de jadis.

Le présent travail compilé pour la réflexion et la réorientation de la politique gouvernementale est donc mis à la disposition du public dans un but d'élargir le débat tout en diffusant un autre volet de la connaissance de notre patrimoine.

Michel Cauchon, directeur
Direction de l'inventaire des
biens culturels

Ceci ne veut pas être un livre d'images bien qu'elles y soient nombreuses, et il n'est pas davantage un livre d'histoire, bien que l'histoire du Québec s'y trouve en fragments. Alors c'est quoi? Je réponds: C'est un poème.

C'est l'âme d'un peuple qui s'est exprimée dans cette maison de ferme en colombages à Rimouski, c'est l'expression de sa foi qui se retrouve à Boucherville dans cette église, riche et noble, c'est son génie pour l'entreprise qui se lit dans cet ensemble de moulins à Terrebonne. Quelle diversité! Quelle délicatesse dans la courbe de ce toit, quelle force dans le rythme de ces lucarnes, quelle sensibilité dans le dessin de cette rampe d'escalier, dans l'élévation de ce clocher.

Et que dire de ces notes biographiques trop brèves qui évoquent le constructeur, l'artiste ou l'artisan.

Un monument historique, c'est la vie des hommes qui palpite, c'est le signe le moins contestable de la continuité de la grandeur d'un peuple.

Chacune de ces maisons, chacune de ces chapelles, chaque édifice en un mot, doit être considéré avec respect et c'est le souci principal de la Direction des Monuments Historiques. Dans les travaux de restauration qu'il nous faut entreprendre à cause de l'usure du temps et de la négligence des hommes, nous nous appliquons sans doute à redonner à l'édifice sa splendeur d'autrefois, mais ce que nous cherchons avant tout c'est d'en retrouver le caractère. C'est une forme de respect que nous lui devons.

Mais revenons à notre propos; lorsque vous aurez feuilleté ce livre selon ce que vous souhaitiez y trouver, que ce soit une date ou un détail d'architecture, vous aurez peut-être considéré qu'il s'agit d'une source documentaire et qu'il peut être utile à vos recherches. Je crois qu'il est cela et bien plus.

La juxtaposition par ordre alphabétique de tant de monuments, surprenants, anciens, superbes et..... historiques, crée une impression d'ensemble qui transcende et dépasse la valeur de chaque édifice; on devient alors conscient d'être les dépositaires d'une richesse prodigieuse.

On découvre des résonnances, des accords, des oppositions qui font miroiter chaque monument et c'est comme un conte poétique où l'imprévu et le merveilleux surgissent à chaque page, et c'est très bien ainsi. Il ne faut pas chercher à comprendre, il nous suffit d'aimer.

Jacques Le Barbenchon, directeur
Direction des monuments historique.

**8**

# Île Jésus

1. Maison A.B. Papineau
2. Maison F. Cloutier
3. Maison Therrien
4. Maison Bourdouxhe
5. Église Ste-Rose

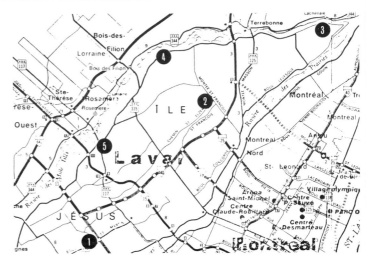

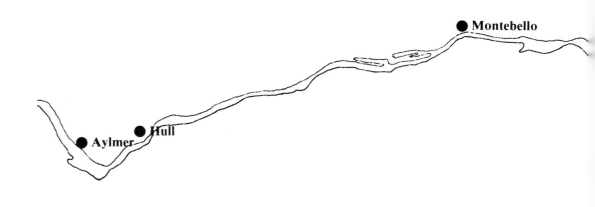

# L'Outaouais
# et le nord de Montréal | 9

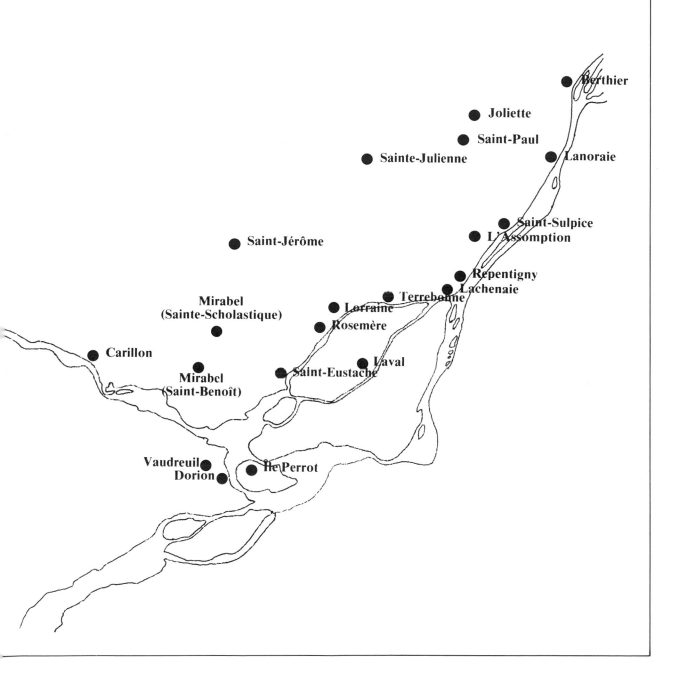

Cette auberge fut construite en 1831 par Charles Symmes, fondateur de la ville d'Aylmer. Il avait choisi cet endroit en raison de sa position stratégique sur la route de Hull vers le lac Témiscamingue.

En effet, les voyageurs en direction du lac Témiscamingue devaient quitter la rivière Outaouais entre Hull et Aylmer pour éviter les trois rapides de la Grande Chaudière, de la Petite Chaudière et des Chênes. Les voyageurs utilisaient donc les sentiers du portage qui, à partir de 1850, devinrent des routes à péage, pour reprendre la voie d'eau au lac Deschênes, et plus précisément, à l'auberge Symmes.

Dès 1832, les navigateurs avaient choisi l'auberge comme port d'attache. Ainsi le capitaine William Grant y lançait son bateau le «Lady Colborne» pour faire la navette entre «Symmes landing» et «Fitz Roy Harbour» à l'autre extrémité du lac Deschênes. De là, les voyageurs rejoignaient, par route, le lac des Chats où les attendaient un autre bateau à vapeur.

Jusqu'en 1870, hiver comme été, par bateau à vapeur ou par traîneau, voyageurs et marchandises partaient de «Symmes landing» pour aller vers le nord-ouest. L'auberge fut donc un point de communication important pendant plusieurs décennies pour la population de l'Outaouais.

La construction d'une ligne de chemin de fer remontant la vallée de l'Outaouais amena la disparition de la navigation à vapeur sur la rivière et conséquemment le déclin de l'auberge Symmes.

En plus de son importance historique, ce bâtiment présente des aspects architecturaux très intéressants: d'abord, ce fut une des premières constructions en pierre de la région, ensuite, le bâtiment initial était flanqué en façade et à l'arrière de galeries d'un type exceptionnel dont il est possible de se faire une idée grâce à une gravure de W.H. Bartlett, exécutée en 1841.

**Aylmer**
**31, chemin Aylmer**
**Maison Lebel**
**1824**
I.B.C., 76-1086 (45)

**Aylmer**
**34, chemin Aylmer**
**Ancienne église méthodiste**
**1827**
I.B.C., 76-1058 (45)

La maison Lebel fut construite en 1824 par l'un des premiers pionniers français à s'établir dans la région, Joseph Belle ou Lebel. On célébra la messe dans cet édifice de 1828 à 1840, année de la construction de l'église Saint-Paul.

En 1826, la congrégation méthodiste s'organise dans le canton de Hull et érige, à Aylmer, dès l'année suivante, sa première chapelle. Celle-ci suffira jusqu'en 1858, année où on construira une nouvelle église. De cet humble édifice transformé vers 1880 en résidence privée, découleront toutes les églises méthodistes de la région; même l'église de Bytown (Ottawa) en dépendra jusqu'en 1832.

**12**

**Hull**
**430, boulevard Alexandre Taché**
**Maison Riverview**
**Construite dans le troisième quart du**
**XIXième siècle**
I.B.C., 74-341-27 (35)

Cette maison en bois, datée de la première moitié du XIXième siècle, fut construite par James McGooey. D'abord habitée par lui et sa famille, elle servit de résidence aux employés de sa ferme et de sa compagnie de construction.

Cette villa se caractérise par une entrée principale encadrée de deux ailes, en saillie à l'avant, terminées par un pignon; ce genre de villa possède également à l'arrière des ailes symétriques ou dissymétriques. Mais il ne reste ici que la façade et les amorces des murs latéraux de la villa originale; le reste fut démoli, sacrifié aux agrandissements successifs exigés par des besoins nouveaux. Cette villa n'est pas unique en son genre, mais elle se distingue par la variété, la qualité et l'abondance de la pierre de taille.

**Montebello**
**Allée du Seigneur**
**Manoir et chapelle funéraire**
**Louis-Joseph Papineau**
**1846-1859, 1875-1880 (manoir)**
**1855 (chapelle)**
I.B.C., 75-301-6 (22)    I.B.C., 75-302-6 (22)    **13**

Le manoir de Montebello fut, à la fin du régime seigneurial, le coeur de la seigneurie de la Petite-Nation, concédée en 1674 à Monseigneur de Laval, léguée au Séminaire de Québec et achetée par Joseph Papineau en 1802 et 1804. Dès 1810, un premier manoir, détruit par le feu trente ans plus tard, est érigé sur la seigneurie.

En 1817, lorsqu'il hérite d'une grande partie de la seigneurie, Louis-Joseph Papineau mène de front deux carrières: la politique et le droit. Devenu peu à peu le véritable chef national des Canadiens français, il doit s'exiler aux Etats-Unis pendant l'insurrection de 1837. Il alla ensuite en France où il vécut de 1839 à 1845, année où il revient au Canada après l'amnistie accordée aux patriotes.

Après avoir perçu les arrérages de son salaire de président de la chambre d'assemblée du Bas-Canada, soit $18,000, Louis-Joseph Papineau entreprend la construction de son manoir. Dès 1846, les caves sont creusées. Les travaux, interrompus à cause de la maladie de ses deux fils et à cause de la campagne électorale de 1848, reprennent en 1849 pour se terminer en 1859. Cependant, la famille s'installe dans la maison dès novembre 1850 et l'intérieur est terminé en 1851. En 1855, la tour carrée de la bibliothèque et la chapelle funéraire sont construites.

Ayant abandonné la politique en 1854, c'est dans ce manoir que vécut l'éminent politicien jusqu'à sa mort en 1871. Plus tard, son fils Amédée fera construire, entre 1875 et 1880, l'aile du salon bleu et les tours d'angle. C'est probablement à cette époque que l'on supprima l'avancée du toit en façade et la grande galerie. Depuis, l'aspect général du manoir n'a pas changé.

Le manoir Papineau rompt avec la tradition architecturale des manoirs seigneuriaux précédents; le corps principal, en pierre de carrière, avec son toit à quatre versants rappelle le style anglo-normand, la symétrie des ouvertures se rattache au style traditionnel, les tours présentent un aspect médiéval et la bibliothèque en pierre ressemble à un donjon. De plus, le salon bleu ajouté par Amédée Papineau révèle une forte influence victorienne. Les plans du manoir auraient été ébauchés par la famille Papineau et finalisés ou corrigés par l'architecte Louis Aubertin.

**Carillon
36-38, rue Principale
Maison Desormeaux
XIXième siècle
I.B.C., 75-277-2 (22)**

**Vaudreuil
Église Saint-Michel
1787-1789,1859
I.B.C., 75-296-12 (22)**

Cette maison constitue un bon exemple d'architecture de brique et de pierre que l'on rencontre assez fréquemment chez les Loyalistes et aux Etats-Unis. La pierre de taille n'est utilisée que pour les harpes de coins et les ouvertures de la façade principale. Cette maison a gardé un élément d'architecture traditionnelle telles les fenêtres françaises à deux battants.

L'aspect extérieur de l'église de Vaudreuil, érigée en 1789, a subi deux modifications: une nouvelle façade en 1857-1859 construite par le maçon François-Xavier Lacas et un nouveau clocher élevé en 1870-1871 par Gaspard Benoît après l'incendie du précédent. Les autels et la chaire sont l'oeuvre de Philippe Liébert (1792-1798) tandis que Louis Quevillon réalise les boiseries du choeur en 1803. La voûte, construite et sculptée par André Achim entre 1832 et 1840, sera décorée de peintures en 1883 par François-Édouard Meloche.

**Vaudreuil
Collège Saint-Michel et atelier
Construits en 1848 et
restaurés entre 1964 et 1966**
I.B.C., 77-780 (45)          I.B.C., 77-776 (45)          **15**

La Société historique de Vaudreuil-Soulanges a ouvert un musée dans l'ancien collège Saint-Michel-de-Vaudreuil construit en 1848 pour instruire les garçons du district de Vaudreuil. L'atelier en charpente aurait été construit vers 1850 pour servir de dépendance au collège. La forme du toit de ce dernier laisse croire à une transformation de la charpente. L'aile fut ajoutée à une date inconnue.

**Dorion**
**85, rue de la Colline**
**Maison Trestler**
**1798, 1805 et 1806**
I.B.C., 77-033-5 (22)

**Dorion**
**331, rue Saint-Charles**
**Maison Valois**
**Construite au début du XIXième siècle**
**et restaurée en 1972**
I.B.C., 75-296-5 (22)

John-Joseph Trestler fit construire cette immense maison en trois étapes: d'abord la partie centrale en 1798, ensuite l'aile gauche en 1805 et enfin l'aile droite en 1806. Ce marchand très riche, député de Vaudreuil en 1807, faisait le commerce de la fourrure, de la potasse et de diverses marchandises. Il fit construire en 1805, au rez-de-chaussée de sa maison, une salle voûtée d'une hauteur d'un étage et demi afin d'y suspendre des peaux de fourrure.

Cette maison de bois que l'on disait déjà plus que centenaire en 1928, est en pièces sur pièces à coulisse recouvertes de planches posées à la verticale. Les cheminées de part et d'autre de la panne faîtière et le solage en moellons se détachent des murs de bois crépis.

**Ile Perrot**
**Rue de l'Église**
**Église Sainte-Jeanne-de-Chantal**
**1786, 1901**
I.B.C., 75-295-8 (22)

**Saint-Jérôme**
**185, rue du Palais**
**Ancien palais de justice ·**
**1924**
I.B.C., 75-358-2A (35)

**17**

Trente-trois années s'écoulèrent entre le moment où le terrain réservé à l'église fut obtenu et celui où, enfin terminée, l'église fut consacrée: 1753-1786. Les murs de l'église actuelle sont ceux de 1786 à l'exception de la façade refaite en 1901. De même, la sacristie et le clocher datent l'une de 1852 et l'autre de 1864, tous deux reconstruits après des incendies. L'église en croix latine se termine par un chevet plat. La décoration intérieure fut réalisée entre 1812 et 1819.

Le deuxième palais de justice de Saint-Jérôme inauguré en 1924 fut construit par un architecte du gouvernement, Georges Saint-Michel. Ce bâtiment en pierre bosselée occupe, avec la cathédrale et le palais épiscopal, une place prépondérante dans le centre-ville de Saint-Jérôme.

**18**

Mirabel (Sainte-Scholastique)
Manoir des Sulpiciens ou
manoir de Belle-Rivière
Construit au XVIIIième siècle
et de 1802 à 1808;
restauré en 1961
I.B.C., 77-795 (45)

La seigneurie des Deux-Montagnes fut concédée aux Sulpiciens en 1713. La partie la plus ancienne du manoir aurait été construite au XVIIIième siècle et agrandie par la suite probablement au début du XIXième siècle entre 1802 et 1808 lorsque fut bâti l'ensemble formé, en plus du manoir, par le moulin seigneurial, la maison du meunier, un hangar et des écuries. Il ne reste plus que le manoir et un hangar de pierre. Le tout resta propriété des Sulpiciens jusqu'en 1876.

La maison actuelle, d'inspiration américaine, fut érigée sur les ruines de la maison du notaire et patriote Jean-Joseph Girouard qui fut incendiée par le général Colborne en 1838. Cette construction constitue un rare exemple de maison à pièces de bois verticales d'une seule longueur recouvertes de planches.

Le moulin à farine fut construit en 1785 par le seigneur Eustache-Lambert Dumont. Peu avant 1837, Maximilien Globensky, époux de la fille du seigneur Dumont, en devient propriétaire. Protégé par le père de Maximilien lors des troubles de 1837-1838, le moulin à farine échappe à la destruction par les troupes anglaises.

Le moulin en pierres des champs crépies à trois étages, subira quelques modifications au début du XXième siècle. Un quatrième étage en bois y est ajouté en 1919. Le barrage de béton remplace la digue de bois en 1915. En 1925, le coffre des turbines, le canal d'amenée des eaux ainsi qu'un mur de soutènement du côté de la rivière ont été refaits en béton. Vers 1902, la maison du meunier attenante au moulin est complètement transformée et en 1925, le moulin à scie adjacent au moulin à farine est refait et exhaussé sur des fondations de béton.

Les mécanismes du moulin sont en bon état de marche. Le moulin est d'ailleurs en opération de septembre à novembre alors que le pouvoir d'eau est suffisant pour alimenter les turbines. Depuis 1897, de multiples travaux de redressement, de drainage et d'assèchement ont provoqué une baisse du niveau de la rivière du Chêne engendrant ainsi de nombreux problèmes aux propriétaires successifs du moulin.

**Saint-Eustache**
**235, rue Saint-Eustache**
**Domaine Globensky**
**1870**
I.B.C., 76-415 (45)       I.B.C., 75-276-4 (22)

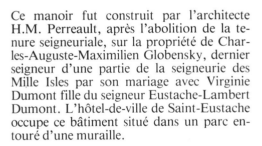

Ce manoir fut construit par l'architecte
H.M. Perreault, après l'abolition de la te-
nure seigneuriale, sur la propriété de Char-
les-Auguste-Maximilien Globensky, dernier
seigneur d'une partie de la seigneurie des
Mille Isles par son mariage avec Virginie
Dumont fille du seigneur Eustache-Lambert
Dumont. L'hôtel-de-ville de Saint-Eustache
occupe ce bâtiment situé dans un parc en-
touré d'une muraille.

**Saint-Eustache**
**Église Saint-Eustache**
**1782, 1833, 1840, 1906**
I.B.C., 75-274-7 (22)

**Laval**
**5475, boulevard Saint-Martin**
**Maison André-Benjamin Papineau**
**Construite en 1820-1830,**
**déménagée en 1974 et**
**restaurée en 1975-1976**
I.B.C., 77-1006-164 (35)

## 21

L'église de Saint-Eustache fut commencée en 1782, agrandie en 1833 et réparée vers 1840 après la rébellion de 1837-1838. En effet, une page de l'histoire du Québec fut écrite sur le site de cette église; c'est là que les troupes anglaises assiégèrent, le 14 décembre 1837, l'église où le docteur Chénier et ses compagnons s'étaient réfugiés. Il ne reste de l'église bombardée en 1837 que les fondations et une partie des murs (abside, ancien transept et une partie de la façade). En 1906, des travaux exécutés sous la direction de l'architecte Jos. Sawyer modifièrent encore l'église: la façade fut retouchée et les clochers refaits; les longs pans furent alignés sur les tours et les extrémités des croisillons, enlevant ainsi à l'église sa forme de croix latine.

Construite par son père, cette maison fut, entre 1839 et 1886, propriété de André-Benjamin Papineau, notaire, patriote, député et premier maire de Saint-Martin. Les travaux de curetage effectués à la maison ont permis de retracer des éléments architecturaux camouflés au cours des ans. La maison a ainsi retrouvé son toit en croupe, ses cheminées hors oeuvre, son évier de pierre, ses armoires encastrées, son four à pain et la disposition originale des cloisons.

**Laval**
**4730, Haut Saint-François**
**Maison François Cloutier**
**Construite dans la première moitié**
**du XIXième siècle**
**restaurée en 1973-1974**
E.O.Q., 77-8-0878

**22**

Laval (Saint-François-de-Sales)
**9770, boulevard des Mille-Iles**
**Maison Therrien**
**XVIIième siècle**
I.B.C., 75-273-6 (22)

Un souci de conservation et d'authenticité a guidé la restauration de cette maison bâtie dans la première moitié du XIXième siècle.

De par sa forme, ses petites dimensions, sa charpente complexe, le faible nombre d'ouvertures, cette maison en pierres des champs semble une authentique survivante du XVIIième siècle. Il s'agit, probablement, de la plus ancienne maison de la région. Toutefois la maison est aujourd'hui maquillée d'un enduit imitant la pierre de taille fort populaire au XIXième siècle.

**Laval
570, boulevard des Mille-Iles
Maison Charles (maison Bourdouxhe)
1735-1743
I.B.C., 76-1265-6A**

**Laval
219, boulevard Sainte-Rose
Église Sainte-Rose-de-Laval
1852-1856
I.B.C., 74-482-12A (35)**

La maison Bourdouxhe pourrait avoir été construite entre 1735 et 1743 par un certain Michel Charles. Des recherches en archives permettraient de vérifier à quel point la maison actuelle diffère de cette première maison. On trouve au sous-sol un ensemble fort intéressant formé par un foyer, un four à pain et une armoire encastrée.

Fondée en 1727, la paroisse de Sainte-Rose eut deux églises avant le temple actuel élevé entre 1852 et 1856 d'après les plans de l'architecte Victor Bourgeau. Jean-Baptiste Joly réalise la décoration intérieure de l'église. Celle-ci possède plusieurs biens meubles remarquables hérités de la seconde église édifiée à la fin du XVIIIième siècle. En voici quelques exemples: le maître-autel et deux statuettes de Philippe Liébert (1799-1800), deux tableaux de Yves Tessier (1831), un chandelier pascal et des fonts baptismaux de François Dugal (1824 et 1830).

**Rosemère**
**463, rue Bélair ouest, Ile Bélair**
**L'Enclos (domaine Hébert)**
**Maison, atelier et petite grange**
**1906-1914**

**24**        I.B.C., 75-366-19 (35)        I.B.C., 75-366-11 (35)

Les bâtiments du domaine Hébert nommé l'Enclos ont tous été dessinés et construits par le sculpteur Louis-Philippe Hébert, entre 1906 et 1914. Deux générations de la famille Hébert ont marqué cette résidence d'été familiale. Le père, Louis-Philippe, l'un des plus grands sculpteurs de son époque, a réalisé plusieurs monuments commémoratifs sur des places et édifices publics telles les statues de la façade du Parlement de Québec.

Ses fils, Adrien et Henri, le premier, peintre, et le second, sculpteur, ont invité à leur chalet d'été, comme leur père, tous leurs amis artistes; plusieurs y laissèrent un témoignage de leur passage.

Une inscription au-dessus de la porte centrale de la maison mentionne l'année 1821. Il semble, par contre, qu'elle aurait pu être construite entre 1807 et 1819. Le toit à la mansarde, s'il est original, serait l'un des rares construits au début du XIXième siècle puisque ce n'est que dans le troisième quart du XIXième siècle que ce type de charpente s'est généralisé au Québec.

Cette maison en pierres des champs avec façade en pierre de taille fut construite entre 1798 et 1801 par le propriétaire du temps, Joseph Augé, maçon de son métier. A une date inconnue, une annexe en briques recouvertes de planches fut rajoutée à la maison originale. La charpente de celle-ci se caractérise par le fait qu'il n'y a ni ferme ni chevron mais que des pannes continues appuyées directement sur les murs-pignons.

**26**

**Terrebonne
Ile des Moulins
XIXième siècle
Restauration commencée en 1977
I.B.C., 77-883 (45)**

I.B.C., 77-839 (45)

ile des moulins
1900

1 remise
2 hangar
3 hôtel du
   Boulevard
4 moulin à farine
5 moulin à carder
6 glissière
7 pont de bois
8 moulin à scie
9 bureau
   seigneurial

10 magasin ou
   grenier
11 étable en pierre
12 hangars
13 boulangerie
14 hangar

15 moulin neuf

d'après le plan
d'un auteur anonyme

Au début du XVIIIième siècle, un moulin à farine et un moulin à scie fonctionnaient déjà sur l'île des Moulins, une partie de la seigneurie de Terrebonne concédée dès 1673. En 1833, un an après que Joseph Masson en soit devenu le seigneur, l'île contenait seize bâtiments; il y en avait autant à la fin du XIXième siècle, les plus anciens ayant été remplacés par des neufs.

Le rétablissement architectural et paysager de l'Île des Moulins comprend, entre autres choses, la restauration de quatre bâtiments: la boulangerie, le moulin à farine, le moulin neuf et le bureau seigneurial.

La boulangerie, construite en 1803 par des charpentiers et des maçons de Terrebonne, se caractérise par la sobriété de ses lignes. Elle servit tour à tour de fabrique de pains et de biscuits, de résidence, d'entrepôt, de commerce, de théâtre et de hangar. Incendiée il y a près de cent ans, la charpente de la boulangerie dut être refaite tandis que les murs de maçonnerie sont originaux.

Le moulin à farine, fait de pierre sciée fut construit en 1846 d'après les plans de John Atkinson, homme de confiance du seigneur Joseph Masson, auquel on attribue égale-

ment le bureau seigneurial et le moulin neuf. Ce moulin, exhaussé à une date ultérieure, sera ramené à son niveau initial grâce à la marque de la pente originelle de la couverture laissée sur un mur latéral.

Le moulin neuf fut bâti en 1850 en remplacement de l'ancien moulin à carder. Incendiée et réparée sommairement en 1916, cette bâtisse retrouvera sa toiture à deux versants munie d'une rangée de lucarnes sur chaque versant.

Le bureau seigneurial, construit à une date inconnue, se caractérise par son double appareil de maçonnerie (pierre sciée pour la façade est et les murs latéraux, moellons pour l'autre façade), sa fenestration différente sur les murs opposés, le bandeau intermédiaire tout le tour, les seuils en saillie aux fenêtres et comme accessoire, une pierre taillée destinée à recevoir l'eau de pluie. C'est dans cet édifice que se transigeaient les affaires de la seigneurie et particulièrement celles de l'île.

L'île des Moulins connaîtra désormais une fonction nouvelle où l'activité socio-culturelle sera prédominante.

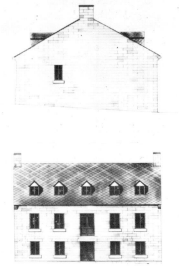

**28**

Terrebonne
844, rue Saint-François
Maison Belisle
Construite à la fin
du XVIIIième siècle
I.B.C., 75-252-6 (22)

Exemple de la maison bourgeoise de la première moitié du XIXième siècle, cette maison a fière allure avec ses doubles cheminées reliées par des murets et le chaînage en harpe aux coins du mur de façade. Cette maison fut habitée pendant cent ans par deux générations de la famille Roussille dont le chef, Théodore Roussille, fut maire de Terrebonne au XIXième siècle.

Cette maison de la fin du XVIIIième siècle a conservé sa charpente d'origine. Le reste de la structure est camouflé tant à l'intérieur qu'à l'extérieur. Le mur en moellons de la façade est recouvert d'un enduit à motif «pierre de taille». Cette maison se signale par un fait particulier: elle a une porte en coin percée dans un angle de la maison en façade; celle-ci aurait été faite vers 1900 pour servir d'accès au bureau de consultation d'un médecin ou d'un notaire.

**Lachenaie,**
**3813, boulevard Saint-Charles**
**Maison Mathieu**
**1833**
I.B.C., 75-259-12 (22)

**Repentigny**
**861, rue Notre-Dame**
**Moulin à vent Séguin**
I.B.C., 77-032-6 (22)

**29**

La famille Mathieu bâtit cette maison vers 1833 en utilisant les murs de pierre d'une maison de la fin du XVIIIième siècle incendiée entre 1812 et 1833. La maçonnerie date donc de la fin du XVIIIième siècle et la charpente du début du XIXième siècle. Cette maison se caractérise par ses larmiers asymétriques et par la pente du toit très prononcée en comparaison des autres maisons québécoises de style traditionnel.

Quelques travaux exécutés à ce moulin, il y a une quinzaine d'années, ont bloqué la rotation du toit et supprimé le gui et les ailes du moulin. Par contre, la charpente du bâtiment et les mécanismes propres du moulin à vent, tels les engrenages, la meule et la roue, sont encore en place.

**30**

Repentigny
14, parc du Vieux-Moulin
Moulin à vent Lebeau
I.B.C., 76-1264-20 (35)

L'Assomption
255, 259 et 265, rue Saint-Étienne
Bureau d'enregistrement
et ancien palais de justice
1811, 1822, 1860
I.B.C., 75-260-3 (22)

Il est possible que ce moulin remonte au régime français, mais aucune étude ne le confirme. Ce moulin-tour, très répandu sous le régime français, possède encore son mécanisme.

L'ensemble architectural, illustré ci-haut, occupé très longtemps par une cour de justice et encore aujourd'hui par la salle de réunion du conseil du comté et par le bureau d'enregistrement, date de 1822.

La plus ancienne partie de l'édifice, celle où loge le bureau d'enregistrement fut construite en 1811 pour Laurent Dorval, fils. Celui-ci vend l'emplacement à Laurent Leroux l'année suivante. En 1822, le propriétaire fait démolir le pignon ouest de la maison existante et agrandir cette dernière d'une quarantaine de pieds formant ainsi un bâtiment d'une longueur de soixante-dix-huit pieds français.

De plus, l'entrepreneur Jacques Dufault s'engage à construire une autre maison (la dernière, à gauche) de quarante pieds de long sur trente-deux pieds de large.

Le bâtiment abrita pendant quelques années un magasin et deux logements. En 1842, le propriétaire Jean-Moïse Raymond devient registrateur et vend le bâtiment au conseil de comté; l'ancien logement de monsieur Raymond est transformé en bureau d'enregistrement et la partie centrale

occupée par le magasin fut convertie au rez-de-chaussée en salle de réunion pour le conseil du comté et à l'étage en cour de justice.

En 1860, l'édifice sera rénové suivant les plans de l'architecte Victor Bourgeau. De nombreux travaux, dont voici quelques exemples, seront exécutés. Les lucarnes de la maison centrale sont enlevées et remplacées par une lucarne à l'avant et une autre à l'arrière; les fenêtres de la cour de justice sont agrandies (fenêtres cintrées); des travaux de menuiserie et de décoration intérieure sont effectués essentiellement à la salle du conseil et à la cour de justice.

La cour est fermée au public depuis 1925. Toutefois, elle a conservé le mobilier du XIXième siècle: tribunes, boiseries et sièges. Cette salle d'audience servit de décor à quelques séquences du film «Kamouraska» de Claude Jutras.

Érigée en 1832 par Joseph Doyon, maçon, François Parizeau, charpentier, et René Saint-James, menuisier et sculpteur, l'église fut redécorée vers 1847-1850 par Louis-Xavier Leprohon et la voûte fut refaite en 1874-1875 d'après les plans des architectes Victor Bourgeau et Alcibiade Leprohon.

L'église contient des oeuvres antérieures à sa date de construction telles le tabernacle et le tombeau du maître-autel, le premier attribué aux Levasseur et exécuté avant 1756 et le second, anonyme, acheté en 1797-1799.

**32**

### Saint-Sulpice
### Chapelle Notre-Dame-de-Pitié
### ca 1830
### 1976
I.B.C., 76-1343 (45)

### Sainte-Julienne,
### 28, rue Albert
### Bureau d'enregistrement
### ca 1833
I.B.C., 75-263-6 (22)

La chapelle de procession, unique dans le diocèse de Montréal, faite en madriers horizontaux, aurait été construite sur une terre vers 1830 et déménagée en arrière de l'église vers 1935. Elle fut restaurée en 1976.

Cet édifice fut construit vers 1833 par la famille Beaupré, fondatrice de Sainte-Julienne, pour servir de salle communautaire et d'école à la région.

À partir d'environ 1840 et ce, jusqu'en 1921, le bâtiment fut également utilisé par une cour itinérante où se jugeaient les causes mineures.

Le conseil du comté et le bureau d'enregistrement occupent encore l'édifice, le premier depuis 1855 et le second depuis 1856.

**Joliette**
**895, rue Visitation**
**Maison Antoine Lacombe**
**1820**
**1966**
I.B.C., 76-1264-6 (35)

**33**

Construite en 1803 sur le plan de Pierre Conefroy, l'église a conservé sa grande nef large et peu élevée, son transept et sa voûte en anse de panier. Chrysostome Perreault et Amable Charron, élèves de Louis Quevillon, y exécutèrent la décoration intérieure vers 1821. Le clocher sera refait la même année; on le veut alors semblable à celui de Verchères.

Cette maison en pierre de rang grossièrement taillée fut habitée de 1849 à 1862 par Édouard T. Scallon, l'un des fondateurs de Joliette. Il fit construire à proximité de la maison un moulin à triple usage (bois, farine et lin) dont les ruines existent encore.

**Berthierville**
**Route 138**
**Chapelle Cuthbert**
**1786**
**réparée vers 1930, et restaurée en 1977**
I.B.C., 77-331 (45)

Il s'agit ici d'une transposition à la campagne d'une maison de ville dotée de murs coupe-feu et de cheminées doubles. Des éléments décoratifs enrichissent cette maison; les murs et les corbeaux de façade sont en pierre de taille tandis que les autres murs sont en pierres des champs et les corbeaux arrière en bois. Un évier en pierre existe encore à l'intérieur de la maison. Un petit édifice en pierre, probablement une remise, accompagne le bâtiment principal.

La chapelle Saint-André, connue sous le nom de chapelle Cuthbert fut bâtie en 1786 par les soins de James Cuthbert, écossais d'Aberdeen. Celui-ci, après s'être illustré dans l'armée britannique, (capitaine de régiment à la prise de Louisbourg, aide de camp du général Wolfe à la bataille des Plaines d'Abraham) devient membre du premier conseil législatif après la Conquête et l'un des premiers colons anglais du Bas-Canada. Homme riche, James Cuthbert acheta de Pierre-Noël Courthiau la seigneurie de Berthier-en-haut, en 1765.

Après le décès de sa femme Catherine en 1785, James Cuthbert fait édifier la chapelle; il y dépose les cendres de sa femme et celles de sa fille Caroline. Au début, le service y est assuré par un ministre protestant qu'il avait fait venir pour servir de chapelain et de précepteur pour ses enfants. Plus tard, un pasteur anglican de Sorel viendra y officier.

La chapelle Cuthbert a le mérite d'être l'un des plus anciens édifices voués au culte protestant au Bas-Canada.

La maçonnerie de la chapelle fut exécutée par Antoine Leblanc de Maskinongé en 1786. Le marché spécifie qu'il y aura trois portes et six fenêtres et que l'un des pignons sera plus fort que l'autre pour supporter un clocher.

Pierre Fourré dit Vadeboncoeur de la paroisse Saint-Esprit s'engage à faire en 1787 la menuiserie et la finition intérieure de la chapelle: plancher, voûte avec corniche, croisées, portes, contrevents, chaire et escalier, jubé, bancs, balustrade et escalier y montant, couverture du clocher en planche et bardeau, cloison séparant le lieu de sépulture du reste de la chapelle, peinture des portes, contrevents et voûte.

Le clocher actuel n'est pas original; les planches utilisées révèlent qu'il a été construit au cours du XIXième siècle. Quant aux fenêtres, elles furent presqu'entièrement bouchées et recouvertes lors d'une réparation vers 1930.

La restauration débute en 1977. Celle-ci se base sur les marchés originaux, les dessins de H. Bunnett en 1885 montrant l'intérieur chaire et jubé, ainsi que sur les relevés de l'architecte P. Roy Wilson, exécutés en 1928. La chapelle n'était plus qu'une coquille vide; tribune, chaire, dais, boiseries, tout était disparu.

Il reste cependant, en plus des murs, la charpente originale, quelques planches du premier toit et des bardeaux de pin camouflés en-dessous de la couverture de tôle.

La chapelle Saint-André, nommée ainsi en l'honneur du patron de l'Écosse fut cédée, à l'état de ruine, au Gouvernement du Québec en 1927 par des descendants de James Cuthbert.

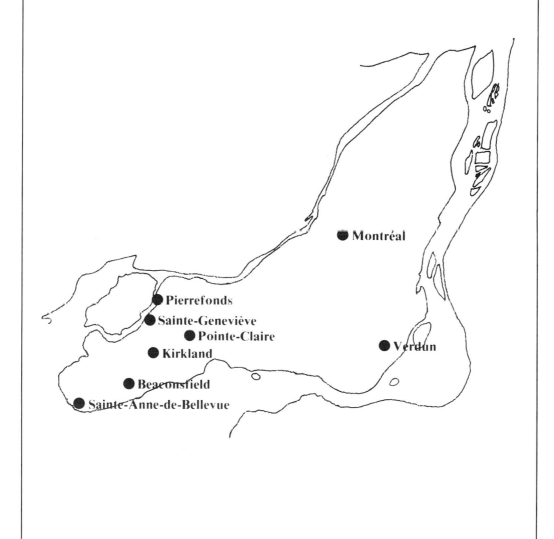

- Montréal
- Pierrefonds
- Sainte-Geneviève
- Pointe-Claire
- Kirkland
- Verdun
- Beaconsfield
- Sainte-Anne-de-Bellevue

# Montréal

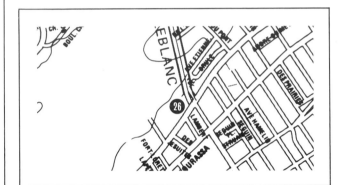

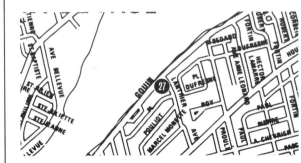

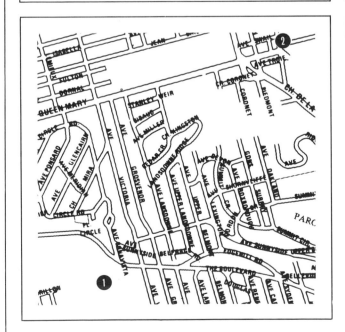

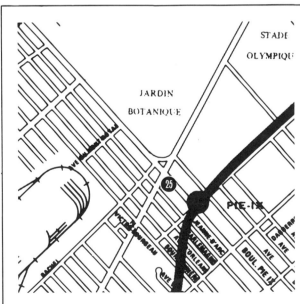

38

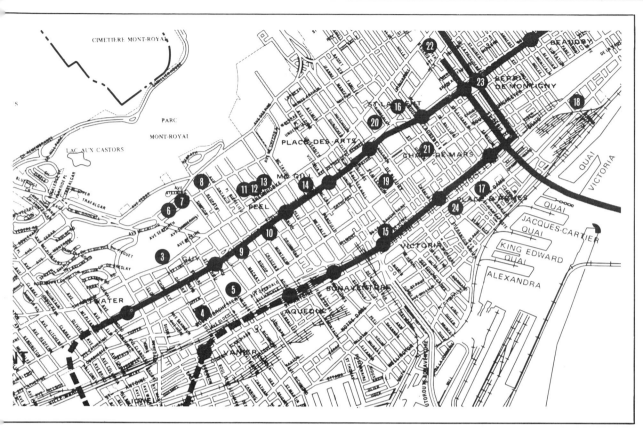

# Montréal
# arrondissement historique

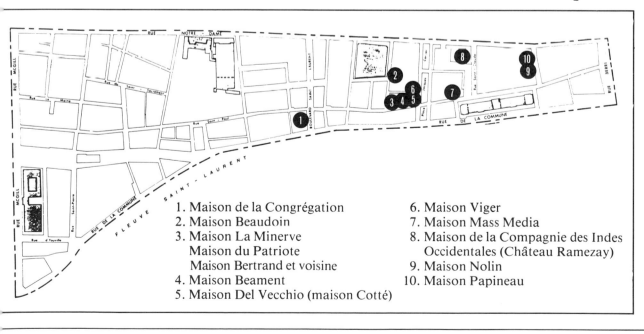

1. Maison de la Congrégation
2. Maison Beaudoin
3. Maison La Minerve
   Maison du Patriote
   Maison Bertrand et voisine
4. Maison Beament
5. Maison Del Vecchio (maison Cotté)

6. Maison Viger
7. Maison Mass Media
8. Maison de la Compagnie des Indes
   Occidentales (Château Ramezay)
9. Maison Nolin
10. Maison Papineau

**Pierrefonds**
**134, cap Saint-Jacques**
**Maison Grier**
**1799**
I.B.C., 75-289-10 (22)

**Sainte-Anne-de-Bellevue**
**153, rue Sainte-Anne**
**Maison Thomas Moore**
**1798**
I.B.C., 75-299-8 (22)

Selon une inscription sur une pierre du mur est de la maison, celle-ci aurait été construite par U.C., initiales désignant probablement un membre de la famille Charlebois; l'aile en planches verticales fut ajoutée en 1956.

Une légende locale soutient que c'est dans cette maison qu'habitait le poète irlandais Thomas Moore en 1804 lorsqu'il composa «The Canadian Boat Song». La musique de cette chanson s'inspire d'une médolie chantée par les voyageurs. Construite en 1798, cette maison de pierre, transformée au cours des âges, fut longtemps habitée par Simon Fraser, homme important, responsable du poste de traite de la Compagnie du Nord-Ouest, dans cette ville de traite située au confluent de l'Outaouais et du Saint-Laurent.

**Beaconsfield**
**470, Lakeshore Road**
**Maison Beaurepaire**
**ca 1765**
I.B.C., 76-1051-3 (35)

**Kirkland, parc Héritage**
**Chemin Sainte-Marie**
**Maison Lantier**
**1785**
I.B.C., 77-033-3 (22)

# 41

La maison Beaurepaire se situe sur une pointe de terre s'avançant dans le lac Saint-Louis. Au cours du XVIIIième siècle, la pointe et ses environs prennent le nom de Seigneurie de Beaurepaire. En 1765, Amable Curat, marchand de Montréal, bâtit la grande maison de pierre qui sera un des points de départ du développement de Beaconsfield. Sur le plan architectural, deux éléments sont particulièrement frappants: la charpente avec demi-croix de Saint-André et le plancher du rez-de-chaussée fait de poutres équarries juxtaposées.

Le pignon de la maison en pierres des champs contient une inscription qui en date la construction à l'année 1785. Elle fut probablement érigée pour le cultivateur Joseph Lantier qui l'habitait encore en 1797 lors de la confection du terrier des côtes de l'île de Montréal. Propriété de la ville de Kirkland, cette maison, en voie de restauration, servira de centre culturel.

**Kirkland**
**3766, chemin Saint-Charles**
**Maison Baptiste Jamme**
**ca 1760**
I.B.C., 77-033-4 (22)

**Sainte-Geneviève**
**174, rue Beaulieu**
**Maison Montpellier dit Beaulieu**
**Construite entre 1848 et 1876**
I.B.C., 75-299-6 (22)

Cette maison en pierres des champs blanchies remonte au XVIIIième siècle. Une transaction réalisée en 1761 nous apprend que la maison déjà construite à cette date appartenait alors à Baptiste Jamme, premier propriétaire connu de cet édifice. D'autres bâtiments tels une laiterie et un caveau à légumes témoignent de son passé de maison de ferme. Des annexes d'aspect fidèle à l'architecture traditionnelle furent ajoutées récemment à la maison originale.

L'histoire de cette maison est liée à celle de la famille Montpellier dit Beaulieu qui l'habita pendant un siècle. Quelques autres maisons de ce type existent encore sur le bord de la rivière des Prairies.

**Sainte-Geneviève**
**15 886, boulevard Gouin ouest**
**Maison d'Ailleboust de Manthet**
**Construite au début XIXième siècle et**
**transformée vers 1940**
I.B.C., 75-299-5 (22)

**Pointe-Claire**
**152, Concord Crescent**
**Maison Labrosse (maison municipale)**
**Construite ca 1767 et**
**restaurée en 1968**
I.B.C., 75-294-3 (22)

**43**

La maison fut habitée fort longtemps par des membres de la famille d'Ailleboust de Manthet. Elle fut transformée lors de travaux effectués dans les années 1940; les altérations ont surtout touché le toit et la longue galerie le long de la façade.

La chaîne des titres révèle que la maison (corps principal) aurait été bâtie vers 1767 par Louis La Brosse. Cette maison en pierre constitue un modèle architectural fort typique de la région de Montréal.

**Verdun**
**7244, boulevard La Salle**
**Maison Étienne Nivard de Saint-Dizier**
**Construite avant 1693**
**I.B.C., 77-032-5 (22)**

**Montréal**
**4245, boulevard Décarie**
**Maison James Monk**
**(Collège Villa-Maria)**
**Construite en 1796 et 1844**
**E.O.Q., 77-8-0898**

Cette maison aurait été construite avant 1693 sur un fief acheté des Sulpiciens par Zacharie Dupuis en 1671. La maison appartiendra par la suite à plusieurs propriétaires dont les Soeurs de la Congrégation Notre-Dame et l'important marchand de Montréal, Étienne Nivard de Saint-Dizier. Aujourd'hui propriété de la ville de Verdun, la maison fait partie d'un parc situé le long du fleuve Saint-Laurent.

La maison centrale fut construite en 1796 pour l'homme politique James Monk et agrandie en 1844, d'après les plans de l'architecte Georges Browne, en y ajoutant les deux ailes et l'agrandissement arrière; elle servit alors de résidence au gouverneur général du Canada. Achetée en 1854 par les Soeurs de la Congrégation Notre-Dame, la maison devint la partie centrale de l'ensemble architectural connu sous le nom de Collège Villa-Maria.

Montréal (Pointe Saint-Charles)
2146, rue Favard
2140
Maison Saint-Gabriel
Construite en 1668, 1698, 1826 et
restaurée en 1965-1966
E.O.Q., 77-8-0868

45

Le domaine exploité par les Soeurs de la Congrégation Notre-Dame, à la pointe-Saint-Charles, s'étendait aux XVIIième et XVIIIième siècles approximativement du pont Champlain au pont Victoria. Une première concession avait été accordée à Mère Marguerite Bourgeoys par Monsieur de Maisonneuve en 1662 et le reste fut acquis les années suivantes.

Dès 1668, les Soeurs habitent, à l'emplacement actuel, une maison en pierre d'où elles dirigent la ferme. Cet édifice brûle en partie en 1693; il n'en reste que les fondations, une partie du corps principal et l'aile à gauche de la maison. Elle est reconstruite en 1698. L'autre aile sera ajoutée en 1826 afin de servir d'habitation aux employés de la ferme.

Très tôt, on y reçoit les filles du roi, jeunes filles envoyées au Canada pour y devenir femmes de colons. Sous la direction de Mère Bourgeoys, jusqu'à la fin du XVIIième siècle, l'Ouvroir de la Providence, nom donné à cette première école ménagère du pays, dispensera son enseignement aux jeunes filles de la nouvelle colonie.

En même temps que résidence de la ferme et centre d'accueil pour les filles du roi, la maison Saint-Gabriel fut une école pour les enfants des environs.

En 1723, Monseigneur de Saint-Vallier accorde la permission de dire la messe dans la chapelle que l'on y a aménagée. Il s'agit du neuvième tabernacle à Montréal.

La vieille maison en pierre, encore debout après 279 ans d'existence, témoigne de la solidité avec laquelle on l'a construite et des soins constants dont on l'a entourée. La charpente toujours intacte, les longues poutres, l'évier de la cuisine fait d'une pierre, les foyers ainsi que tous les trésors que la maison renferme, méritent d'être visités. Les Soeurs l'ont habitée jusqu'en 1965, date où elle est devenue un musée.

**Montréal**
**5085, rue Decelles**
**Maison de la Côte-des-Neiges**
**Construite en 1713 et reconstruite en 1957**
I.B.C., 75-288-5 (22)

**Montréal**
**2065, rue Sherbrooke Est**
**Tours Est et Ouest du fort des Messieurs**
**de Saint-Sulpice**
**fin XVIIième siècle.**
I.B.C., 2084-B-12

Cette maison, construite en 1713 sur la Côte-des-Neiges, fut expropriée en 1956, déménagée, c'est-à-dire démolie et rebâtie en 1957. Elle fut reconstruite en se basant sur des plans de la maison exécutés vers 1924 par un ancien propriétaire Monsieur Gratton Thompson. Cette vieille maison de pierre avec murs coupe-feu et corbeaux sert maintenant de résidence au gérant du cimetière Côte-des-Neiges.

À l'entrée du Grand Séminaire de Montréal, rue Sherbrooke, se trouvent deux tours cylindriques, en pierre, à peu près identiques, coiffées d'un toit hexagonal recouvert de bardeaux de cèdre d'un diamètre approximatif de 23 pieds et d'une hauteur totale d'environ 43 pieds.

Il s'agit des vestiges du fort des Messieurs de Saint-Sulpice construit à la fin du XVII ième siècle, à l'époque où Montréal était un avant-poste encore soumis aux excursions belliqueuses des Iroquois. Les Messieurs de Saint-Sulpice, seigneurs de l'île et missionnaires avaient fondé vers 1676 avec l'aide des Soeurs de la Congrégation de Notre-Dame, une mission pour instruire les Indiens située à l'emplacement actuel du Grand Séminaire.

Monsieur François Vachon de Belmont, sulpicien responsable de la mission fit construire, selon les uns vers 1683-1684, selon les autres vers 1695, une muraille en pierre enserrant la résidence des prêtres et la chapelle aux angles de laquelle muraille se trouvaient quatre tours. Ce fort, appelé fort de la Montagne, fort des Messieurs ou fort Belmont était jumelé à un village indien ceinturé d'une palissade, nommé égale-

**Montréal**
**1923, boulevard Dorchester ouest**
**Maison Shaughnessy**
**ca 1890**
I.B.C., 75-253-5 (22)
I.B.C., 77-661 (45)

**47**

ment fort des Sauvages. Ces ouvrages avaient pour but de protéger les Indiens néophytes (Iroquois, Algonquins, Onontagués) contre les attaques des Iroquois païens.

Entre 1696 et 1704, la mission est transportée au Sault-au-Récollet et ensuite à Oka en 1721. La résidence de la Montagne devint au XVIIIième siècle et dans la première moitié du XIXième siècle un centre de repos et de récréation au coeur de la ferme environnante nommée la ferme des Prêtres.

La construction du Grand Séminaire débute vers 1854 à la suite de la demande faite aux Sulpiciens par monseigneur Bourget de se charger de la formation des prêtres du diocèse. Dès lors, les deux tours nord et la muraille de l'ancien fort sont démolies. La vieille résidence nommée le Château des Messieurs fut rasée à son tour vers 1858; il ne reste donc plus du fort des Messieurs de Saint-Sulpice que les deux tours sud.

Ces deux tours sont probablement avec l'ancien hôtel seigneurial des Sulpiciens (vieux séminaire rue Notre-Dame), les plus anciennes constructions de l'île de Montréal.

Ces maisons jumelées construites en pierre calcaire illustrent une architecture typique de Montréal à l'époque victorienne. L'ornementation des fenêtres avec mascaron est très élaborée. Elle fut habitée notamment par Sir William Van Horne, Lord Shaughnessy, Lord Atholstan et récemment par une communauté anglo-catholique, les Sisters of Service.

**48**

**Montréal**
**entre les rues Guy, Saint-Mathieu,**
**Sainte-Catherine et Dorchester**
**Domaine et chapelle des Soeurs Grises**
**1869 à la fin du XIXième siècle**
E.O.Q., 74-8-0428        I.B.C., 77-001 (45)

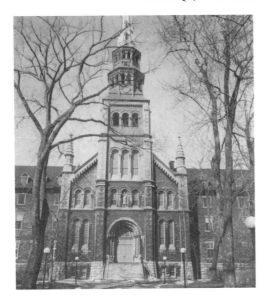

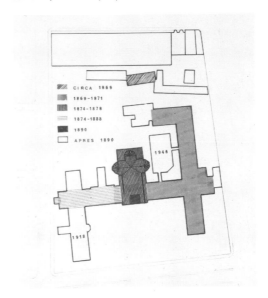

L'Hôpital Général des Soeurs Grises sur le boulevard Dorchester est un ensemble important par son site, son histoire et son architecture.

En 1861, les Soeurs Grises achètent des Sulpiciens le terrain sur lequel devait être érigé, plus tard, un nouvel Hôpital Général en remplacement de celui de la Pointe-à-Callières, vieux, exigu et noyé dans l'activité commerciale du port de Montréal.

Ce n'est qu'en 1869 que commenceront les travaux de construction réalisés selon les plans signés par les architectes Bourgeau et Leprohon et qu'en 1871, que les Soeurs et les malades s'y installeront lorsque l'aile de l'hôpital sera complétée.

En 1871, au cours d'une assemblée des administratrices de l'Hôpital Général, on décide de commencer la construction d'une chapelle et d'effectuer les fondations d'une aile nouvelle qui prendrait naissance à la chapelle et se terminerait à la rue Saint-Mathieu.

La chapelle fut donc érigée entre 1874 et 1878 sous le vocable de l'Invention de la Sainte-Croix. Victor Bourgeau conçoit alors une église dans laquelle se retrouvent les traits caractéristiques du décor roman; le plan général présente trois nefs, l'élévation triple comprend bas-côtés, triforium et clair-étage; l'arc cintré règne partout dans l'église. Le clocher ne fut cependant posé et recouvert qu'en 1890.

La construction de la partie ouest de l'Hôpital Général s'échelonna en plusieurs étapes jusqu'au début du siècle actuel. Des reconstructions et quelques additions modernes complètent l'ensemble. Néanmoins, la chapelle et une importante partie de l'Hôpital Général se conforment encore aux plans dressés par Bourgeau et Leprohon.

I.B.C., 74-445 (45)
E.O.Q., 74-8-0481

**Montréal**
**1517, rue McGregor**
**Maison Greenshields, (maison Pachiny)**
**1910-1915**
I.B.C., 75-249-5 (22)

**49**

Construite en 1910 pour Charles G. Greenshields et agrandie en 1915, la maison fut
habitée pendant un certain laps de temps
par James N. Greenshields avocat, défen-
seur de Louis Riel en 1885. De style néo-
classique, cette maison contribue à donner
à la rue McGregor son charme particulier.

**50**

**Montréal**
**1507, rue McGregor**
**Maison Raymond**
**1930**
**I.B.C., 75-254-12 (22)**

**Montréal**
**1418, avenue des Pins**
**Maison Ernest Cormier**
**1930**
**I.B.C., 77-1147-21A (35)**

La propriété de la famille McGregor fut divisée en lots en 1867 créant, par le fait même, la rue du même nom. Une première maison en brique construite au XIXième siècle fut remplacée en 1930 par cette construction en pierre de taille, oeuvre des architectes Robert et F. R. Findlay à la demande du propriétaire Monsieur Aldéric Raymond. Un petit jardin à la française donne un cachet remarquable à cette maison de style néo-classique. L'intérieur, avec ses lambris de bois et ses foyers en marbre, constitue un ensemble luxueux et sobre en accord avec l'extérieur de l'édifice.

Ernest Cormier, architecte entre autres, de l'ancien Palais de justice de Montréal situé au 100 est rue Notre-Dame, de la Cour Suprême du Canada à Ottawa, de l'édifice central de l'Université de Montréal, du Grand Séminaire de Québec et de l'Imprimerie nationale du Canada à Hull, a conçu, tiré les plans, décoré et meublé cette maison pour lui-même en 1930. Il s'agit de la seule maison construite par cet architecte spécialiste des édifices publics. La décoration et l'ameublement, typiques des années 1930, se rattachent aux tendances mondiales d'avant-garde de l'époque. Cette maison se caractérise par une richesse des matériaux utilisés tels le marbre et le cuivre, et par l'incorporation dans les murs, autant à l'intérieur qu'à l'extérieur, d'oeuvres d'art réalisées par l'architecte-peintre-sculpteur qu'est Ernest Cormier et par d'autres artistes ou artisans du Québec.

**Montréal**
**1463 A, B et C rue Bishop**
**Façade du «Bishop Court Apartments»**
**1904**
**I.B.C., 75-077-16A (35)**

**Montréal**
**1201, rue Sherbrooke ouest**
**Maison Corby**
**1890**
**I.B.C., 75-249-7 (22)**

**51**

Cet édifice fut conçu et construit vers 1904 comme maison à appartements par les architectes Saxe et Archibald. Il s'agit de l'un des premiers immeubles de ce genre à Montréal. Il se compose d'un corps central avec des ailes formant un U autour d'une cour à laquelle on accède par un porche.

Cet édifice fut construit en 1890 par le banquier montréalais James Baxter. Achetée ensuite par James Reid Wilson, la maison fut transformée par les soins de l'architecte américain Stanford White. Celui-ci importa des États-Unis, au tout début du XXième siècle, de belles boiseries que l'on peut encore admirer dans la maison utilisée aujourd'hui comme édifice à bureau de la compagnie Corby.

Le «Mount Stephen Club» fut construit au coût de $600,000, de 1880 à 1883, par l'entrepreneur J.H. Hutchison, constructeur des hôtels Queen et Windsor, de la Chambre de Commerce de Montréal, de l'église Saint James et Erskine, du musée Redpath. Les plans avaient été tracés par l'architecte anglais W.T. Thomas résidant à Montréal entre 1860 et 1890.

Le «Mount Stephen Club» fut construit pour Georges Stephen, un écossais arrivé au Canada en 1850, magnat de l'industrie du vêtement, devenu en 1873 l'un des directeurs de la banque de Montréal, en 1876 président de la même banque et en 1881, pour une période de sept ans, le premier président du Canadien Pacifique. En 1888, Georges Stephen retourne en Angleterre où il deviendra en 1889 Lord Mount Stephen. Dès son départ, sa maison sera vendue à sa soeur et à son beau-frère Monsieur et Madame Robert Meighen. La maison sera achetée en 1925 par trois montréalais Messieurs Noak Temmins, J.H. Maher et Dr. J.S. Dohan qui fondent en 1926 le Mount Stephen Club.

Le bâtiment construit dans le style de la Renaissance italienne présente un très bel appareillage de pierres de taille; un entablement divise le rez-de-chaussée de l'étage et une corniche élaborée couronne le toit de l'édifice. Les murs de clôture et le balcon s'ornent de fer forgé.

La somptueuse décoration intérieure en fait un véritable château. Les plafonds et les murs sont recouverts de boiseries sculptées dans les essences de bois recherchées en ébénisterie telles l'acajou cubain, le chêne et le bois de satin du Ceylan. De magnifiques panneaux de tapisserie ornent également les murs. Des vitraux réalisés par un artisan autrichien d'il y a trois cent ans enrichissent encore la magnifique maison transformée aujourd'hui en club privé. De plus, la ferronnerie, les becs de gaz et les grilles de radiateurs ont reçu un placage d'or de vingt-deux carats. Une dizaine de foyers décorés de marbre, d'onyx ou de tuiles façonnées à la main complètent l'ensemble décoratif.

**Montréal**
**1195, rue Sherbrooke ouest**
**United Services Club**
**1884**
I.B.C., 75-251-10 (22)

**Montréal**
**1175, rue Sherbrooke ouest**
**Mount Royal Club**
**1905**
I.B.C., 75-289-6 (22)

**53**

L'édifice fut érigé vers 1884 pour servir de résidence privée au sénateur L.-J. Forget. Le «United Services Club» en prit possession en 1925 et y demeure depuis cette date.

En 1905, les membres du Mount Royal Club confient au bureau McKim, Mead et White de New-York le soin de dessiner les plans d'un nouvel édifice en remplacement de l'ancien club incendié. L'édifice présente à l'extérieur un style simplifié d'inspiration renaissance italienne tandis que la décoration intérieure rappelle la renaissance française.

**54**

**Montréal
1172, rue Sherbrooke ouest
Maison Atholstan
Construite en 1893
Restaurée en 1977
I.B.C., 75-255-5 (22)**

Montréal
**1175-1183, Beaver Hall Square**
**Engineers Club**
**1860-62**
I.B.C., 77-648 (45)

Cette maison cossue, en pierre de taille, bien conservée et peu modifiée, fut construite en 1893. Elle fut habitée, à la fin du XIXième siècle par Hugh Graham, nommé Lord Atholstan, fondateur du journal «Montreal Star». Elle est maintenant devenue la maison du commerce de l'Iran.

L'Engineers Club comporte trois parties construites l'une en 1860-1862, l'autre en 1912 et la dernière en 1933. Nous nous intéressons ici à la plus ancienne aile construite pour le brasseur William Dow par l'architecte William T. Thomas. «Strathern House» comme l'avait nommé son propriétaire s'élevait sur le Beaver Hall Square alors petit espace vert au coeur d'un quartier résidentiel. Dans le vestibule de l'Engineers Club se trouve un dessin représentant «Strathern House» dans son état primitif.

**Montréal**
**2000-2012, boulevard Saint-Laurent**
**5-21, rue Ontario**
**2015-2029, rue Clark**
**Édifice L.-O. Grothé**
**Avant 1906, 1917, après 1917**
I.B.C., 76-1247-2A (35)

**55**

L'édifice Grothé fut construit en trois étapes: l'aile de la rue Saint-Laurent (avant 1906), l'aile de la rue Ontario en 1917 et l'aile de la rue Clark à une date ultérieure.

Cet édifice très sobre illustre plusieurs caractéristiques de l'architecture industrielle du début du XXième siècle à Montréal: murs de briques rouges, pilastres exprimant la structure, grand pourcentage de surface vitrée, fenêtres à guillotine au sommet légèrement courbé et corniche résultant d'un appareillage particulier de la brique.

**Montréal**
**6-12, rue Saint-Paul ouest**
**1-5, rue des Commissaires**
**Maison de la Congrégation**
**Construite à la fin du XVIIIième siècle**
**(6-12, rue Saint-Paul ouest)**
**et vers 1805**
**(1-5, rue des Commissaires)**
**Restaurée en 1970**
I.B.C., 75-290-6 (22)       I.B.C., 77-620 (45)

**56**

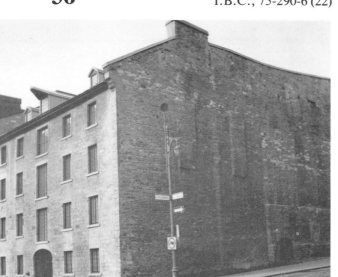

L'ensemble architectural nommé maison de
la Congrégation comprend en réalité deux
maisons distinctes, l'une ayant façade sur la
rue Saint-Paul (ca 1775-1800) et l'autre sur
la rue des Commissaires (ca 1805) reliées
entre elles par deux ailes. La première contient de belles voûtes.

Le nom de l'ensemble vient du fait que c'est
sur ce terrain que s'élevait la première école
de Marguerite Bourgeois, fondatrice de la
Congrégation de Notre-Dame à Montréal,
de 1658 à 1683, année où elle aménagea
dans une nouvelle maison située sur la rue
Notre-Dame près de l'ancien Hôtel-Dieu.
Les soeurs vendirent ce terrain dès 1690.

**Montréal**
**85, rue Notre-Dame**
**Ancien palais de justice et aile ouest**
**Construite en 1851-1856 et 1905**
De Volpi, Charles P.,
Montréal - Recueil iconographique,
1963.

I.B.C., 77-644 (45)

**57**

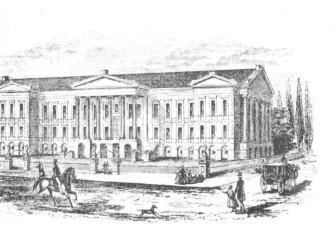

NEW COURT HOUSE, MONTREAL, CANADA.

*Dessins de Kilburn. Tirés du Ballou's Pictorial Drawing-Room Companion. Boston, 13 octobre 1855.*
*By Kilburn, from "Ballou's Pictorial Drawing-Room Companion", Boston, October 13, 1855.*

L'ancien palais de justice de Montréal fut construit dans le style néoclassique entre 1851 et 1856, d'après les plans des architectes Ostell et Perrault. Entre 1890 et 1894, on y ajoute une coupole et un étage supplémentaire. En 1905, un besoin grandissant d'espace motive la construction de l'aile ouest d'après les plans de l'architecte Cantin.

Ces édifices sont construits sur des emplacements historiques; l'édifice principal est bâti sur l'ancien terrain du collège des Jésuites et l'aile ouest occupe le site de l'ancienne église écossaise presbytérienne, Saint-Gabriel, érigée en 1792 et démolie en 1903.

**58**

Montréal
427-437, rue Saint-Vincent
Maison Beaudoin
Construite après 1783
incendiée en 1968 et
réparée peu après
I.B.C., 77-1879-6 (35)

Montréal
Maison La Minerve: 163, rue Saint-Paul est
Maison du Patriote: 169, rue Saint-Paul est
Maison Bertrand: 160-162, rue Saint-Amable
Maison voisine de la maison Bertrand:
164-166, rue Saint-Amable
Maisons de la rue Saint-Paul
construites vers 1800 et maisons de la rue
Saint-Amable: entre 1815 et 1825
Restaurées en 1968-1969
I.B.C., 75-248-10 (22)

Trois maisons forment l'ensemble architectural connu sous le nom de maison Beaudoin. Elles datent tout au plus de la fin du XVIIIième siècle puisqu'elles sont construites sur plusieurs terrains réunis par le shériff Ed. Wm Gray à la fin de 1783. De toute façon, elles seront vendues en 1828 à Séraphino Giraldi, aubergiste de Montréal, qui, lui ou sa succession, en resta propriétaire jusqu'en 1874. Celui-ci dut louer des chambres ou des appartements puisque les rôles d'évaluation et les différents bottins de Montréal indiquent que plusieurs personnes connues y ont habité au temps où la rue Saint-Vincent comptait de nombreux bureaux d'hommes de loi: Joseph Doutre et Joseph Royal, avocats; Sévère Rivard, avocat et maire de Montréal; Antoine-Aimé Dorion et Georges-Étienne Cartier, tous deux ministres-adjoints du Canada.

Les maisons «La Minerve» et «Le Patriote» de la rue Saint-Paul de même que leurs vis-à-vis situées en arrière sur la rue Saint-Amable sont toutes quatre construites sur un terrain ayant appartenu aux Viger (Jacques, Denis et Denis-Benjamin) de 1722 à 1861. L'étude de deux cartes de Montréal, l'une en 1815 par Joseph Bouchette et l'autre en 1825 par John Adams, montre que les maisons de la rue Saint-Amable ont été érigés par Denis-Benjamin Viger pendant ce laps de temps; quant aux maisons de la rue Saint-Paul, elles furent probablement construites vers 1800 par Denis Viger.

La façade de la maison «La Minerve» reçut dans la deuxième moitié du XIXième siècle un recouvrement en pierre de taille. Comme l'indique le nom de la maison, c'est là que dès 1829, Ludger Duvernay, fondateur de la Société Saint-Jean-Baptiste, fondateur et imprimeur du journal «La Minerve», y a transporté son établissement et y a habité lui-même.

I.B.C., 76-1326-2A (35)
I.B.C., 76-425 (45)

**Montréal**
**183, rue Saint-Paul est**
**Maison Beament**
**Construite au début du XIXième siècle et**
**restaurée dans les années 1960**
I.B.C., 76-1326-11A (35)

**59**

Cette maison, une ancienne écurie du début
du XIXième siècle, complètement délabrée
il y a quelques années, fut remise en état.
Elle donne sur une cour intérieure, fermée
du côté de la rue Saint-Paul par une autre
maison. Une grosse lucarne placée à l'extrême droite, munie d'une poulie, servait
jadis à entrer le foin au grenier.

Quant à la maison voisine, si l'on en croit
Pierre-Georges Roy, elle doit son nom de
«Patriote» à une statue en bois, aujourd'hui
disparue, d'un Québécois d'autrefois vêtu
de la tuque, du capeau traditionnel et chaus-
sé de souliers de boeuf, qui a servi d'en-
seigne à des marchands de tabac pendant
près d'un siècle.

**Montréal**
**400-406, place Jacques-Cartier**
**Maison Del Vecchio (maison Cotté)**
**Construite en 1807-1808 et**
**restaurée en 1966**
I.B.C., 75-248-1 (22)

**Montréal**
**410, place Jacques-Cartier**
**Maison Viger**
**Construite vers 1815-1825**
**restaurée à la fin des années 1960**
I.B.C., 75-248-3 (22)

La maison s'élève sur un terrain ayant fait partie du parc du château de Vaudreuil incendié en 1803, situé dans l'axe de la rue Saint-Amable sur la place Jacques-Cartier. Vendu d'abord en 1804 à la veuve de Gabriel Cotté, le terrain sera ensuite acquis en 1806 par l'aubergiste Pierre Del Vecchio de Pointe-aux-Trembles qui y fit ériger la maison actuelle en 1807-1808. Il y tient une auberge ou une taverne de 1809 à 1819. Située sur une place de marché, la maison Del Vecchio sera toujours occupée par des petits commerces.

Cette maison, tout comme sa voisine la maison Cotté-Del Vecchio, s'élève sur les terres du Château de Vaudreuil occupé par le Collège de Montréal et incendié en 1803. La veuve de Denis Viger, Perrine Cherrier, acquiert ce terrain en 1805; celui-ci ne semble pas avoir été construit avant 1815 puisque la carte de Joseph Bouchette n'indique aucun bâtiment à cet endroit. Nous pouvons supposer que cette maison fut édifiée entre 1815 et 1825 par les soins de Denis-Benjamin Viger à peu près en même temps que ses deux autres propriétés de la rue Saint-Amable (maison Bertrand et sa voisine).

**Montréal
273-279, rue Saint-Paul est
Maison Mass Media
début XIXième siècle
I.B.C., 75-250-9 (22)**

L'histoire de cette maison, voisine de l'hôtel Rasco, n'est pas complétée. Toutefois, nous pouvons dire, dès maintenant, que la façade en pierre de taille réalisée dans la première moitié du XIXième siècle revêt une maison plus ancienne.

**Montréal
290, rue Notre-Dame est
Maison de la Compagnie des
Indes Occidentales (Château Ramesay)
Construite en 1756 et
restaurée en 1954 et 1972-1974
I.B.C., 75-290-12 (22)**

L'édifice connu sous le nom de Château Ramesay fut construit en 1756 par la Compagnie des Indes Occidentales sur l'emplacement de la résidence de l'ancien gouverneur Claude de Ramesay, démolie vers 1755. Cette nouvelle construction fut réalisée par les ouvriers suivants: Paul Texier dit Lavigne, maçon, Jean-Baptiste Dufaux, charpentier, Charles Regnaud et Antoine Cérier, menuisiers. Abîmée par les troupes américaines en 1755, la maison fut immédiatement réparée. En 1903, la tour fut ajoutée.

Mise à part la modification de la pente du toit, cette maison, remarquable par ses dimensions importantes et ses voûtes, demeure un des principaux témoins de l'architecture civile du régime français à Montréal. Tour à tour magasin, propriété privée, résidence du gouverneur anglais, siège de bureaux du gouvernement du Canada-Uni, École normale Jacques-Cartier, faculté de Médecine de l'Université Laval à Montréal, cour des Magistrats, aujourd'hui siège de la Société d'Archéologie et de Numismatique de Montréal qui en a fait un musée ouvert au public, la maison de la Compagnie des Indes Occidentales connaît depuis toujours une vie publique importante.

**62**

**Montréal**
**416, 418 et 420, rue Bonsecours**
**Maison Nolin**
**Construite en 1863-1864 et**
**restaurée entre 1963 et 1976**
I.B.C., 75-289-4 (22)

**Montréal**
**440, rue Bonsecours**
**Maison Papineau**
**Construite vers 1754 et restauré en 1965**
**selon son apparence de 1830**
I.B.C., 75-250-7 (22)

En 1851, on décrit l'édifice situé sur ce terrain comme étant une vieille maison de briques à deux étages. Celle-ci aurait été construite entre 1831 et 1835, sur un terrain resté vacant jusqu'à ce jour, par ou pour les menuisiers William et Georges Tate. Ceux-ci vendront la propriété à Jane Tate en 1856. L'arrivée de nouveaux occupants et une augmentation appréciable de l'évaluation indiquent la construction de la maison actuelle en 1863-1864 par cette dame nommée Jane Tate. Aujourd'hui, la maison à la façade en pierre de taille avec des bandeaux moulurés à chaque niveau de plancher a recouvré son air de jeunesse grâce à l'action de ses deux derniers propriétaires.

La maison Papineau fut restaurée dans sa splendeur des années 1830 au moment où Louis-Joseph Papineau, seigneur de la Petite Nation et homme politique bien connu y habitait. Celui-ci a probablement transformé à cette époque la maison de pierre érigée par son grand-père vers 1754, vendue en 1779 et rachetée par son père en 1809. Par suite d'une entente familiale, Louis-Joseph Papineau devient propriétaire de cet immeuble en 1814. Il a pu y demeurer jusqu'en 1837. Après son retour d'exil, il habitera surtout sa seigneurie de la Petite-Nation, à Montebello, et louera cette maison à divers locataires.

On raconta que Louis-Joseph Papineau put échapper aux soldats anglais en se sauvant par la cour de cette maison qui communiquait avec la propriété de son père, rue Saint-Paul.

En 1962, le nouveau propriétaire en entreprend la restauration. À noter, la façade est revêtue de bois imitant la pierre de taille. La maison se rattache au style traditionnel classique du XVIIIième siècle.

**Montréal
1200-1202, rue Bleury
Église du Gésu
1864-1865
I.B.C., 75-634-2 (35)**          I.B.C., 75-635-28A (35)          **63**

L'architecte américain Patrick C. Keely, auteur de quelques deux cents églises, construisit l'église du Gésu en 1864-1865. Les plans de la façade incluaient deux tours diagonales surmontées de deux clochers. Par manque d'argent, seules les tours furent montées. Le bâtiment massif, de style indéterminé fait appel au baroque italien, au gothique et au style renaissance. La décoration intérieure en plâtre fut également réalisée d'après les dessins de Patrick C. Keely.

**Montréal
511-513, rue Montcalm
Ilôt des Voltigeurs
début XIXième siècle
E.O.Q., 77-8-0887**

**Montréal
Boulevard Saint-Laurent
Monument national
1893-1894
I.B.C., 77-641 (45)**

Cette maison, probablement construite au début du XIXième siècle, est la dernière maison de l'ancien faubourg Québec développé à l'est de la ville de Montréal au-delà de la porte Saint-Martin. Dotée de quatre cheminées et d'une façade en pierre de taille, cette maison reste un des rares exemples de ce type de maison à l'extérieur de l'arrondissement historique du Vieux-Montréal.

Les architectes Perrault, Ménard et Venne exécutèrent les plans du Monument national en 1893-1894 pour la Société Saint-Jean-Baptiste de Montréal. Destiné à symboliser la survivance française au coeur de la métropole, son théâtre servit pour les Soirées de famille (1894-1901), la Société canadienne d'opérette (ca 1905-1930), les Variétés lyriques (1935-1954). On utilisa les salles d'assemblée pour des réunions politiques. Par suite de la détérioration du quartier dans les années '40 et '50, le Monument national est quelque peu laissé à l'abandon. Cependant, la construction de la Place des Arts et de la Place Desjardins change l'allure du quartier et donne au Monument national un environnement propice à une nouvelle vie. Le bâtiment est présentement occupé par divers bureaux et par le théâtre et les ateliers de l'École nationale de théâtre.

**Montréal**
**2020 à 2092, rue Jeanne-Mance**
**Maisons de la rue Jeanne-Mance**
**1886-1897**
I.B.C., 75-181-8A (35)

I.B.C., 75-182-21A (35)
I.B.C., 75-184-19A (35)

**65**

La rangée de quinze bâtiments sur le côté ouest de la rue Jeanne-Mance, au sud de la rue Sherbrooke, est composée de maisons construites entre 1886 et 1897 par différents particuliers. On retrouve sur les façades pignons, frontons et balconnets, trois traits caractéristiques de l'architecture de l'époque à Montréal.

Le 2066 se caractérise par une riche ornementation intérieure: portes en bois sculptées aux vitres décorées, un escalier imposant, du lambris travaillé, des plafonds aux moulures et rosaces de plâtre et des foyers décoratifs.

Cet ensemble architectural constitue un des derniers vestiges du quartier résidentiel au sud de la rue Sherbrooke dans le centre-ville est de Montréal.

**Montréal
306, rue Sherbrooke est
Maison Louis Fréchette
fin XIXième siècle
I.B.C., 76-1236-14 (35)**

**Montréal
Angle des rues Saint-Denis
et Sainte-Catherine
Église Saint-Jacques:
façade rue Saint-Denis, clocher et
façade rue Sainte-Catherine
1857, 1880 et 1889
U.Q.A.M.**

Louis-Honoré Fréchette habita cette demeure appartenant à sa femme de 1892 à 1907. Il était alors considéré comme une gloire nationale après avoir été honoré du prix Montyon de l'Académie française en 1880 pour Fleurs boréales et Oiseaux de neige. Il a réuni dans cette maison des amis et des célébrités telle Sarah Bernhardt. Il ne reste malheureusement à l'intérieur de la maison aucune trace de la demeure cossue d'un homme célèbre au début du siècle. Architecturalement semblable à ses voisines, cette maison se distingue des autres par le souvenir du poète qui s'y rattache.

Sur le site de l'église Saint-Jacques, s'élèveront les bâtiments de l'Université du Québec. Il reste, de cette église, la façade de la rue Saint-Denis terminée en 1857 par l'architecte John Ostell. Ayant résisté à l'incendie de janvier 1858, cette façade fera partie de la nouvelle église édifiée par l'architecte Victor Bourgeau de 1858 à 1860. En 1880, le clocher, remarquable par sa taille et son élégance, dessiné également par Victor Bourgeau sera élevé sur la façade de la rue Saint-Denis. En 1889, les architectes Perrault, Mesnard et Venne construisent le transept sud de la rue Sainte-Catherine dont la façade d'esprit néo-gothique sera également intégrée à l'Université du Québec.

**Montréal**
**43 à 59, rue Saint-Jacques**
**701, côte de la Place d'Armes**
**Façades des édifices des**
**numéros 43 à 59, rue Saint-Jacques**
**ca 1870-1872**
Canadian Illustrated News, dec. 1870
I.B.C., 77-651 (45)

Histoire du commerce
Canadien français de Montréal,
1534-1894, Éditions Élysée, 1975.
I.B.C., 77-652 (45)

**67**

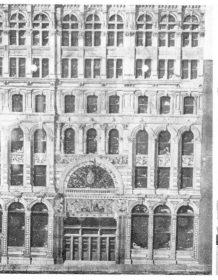

L'édifice à l'angle de la rue Saint-Jacques et de la Place d'Armes fut construit un peu avant 1870 pour la Life Association of Scotland tel que l'illustre le «Canadian Illustrated News» du 10 décembre 1870. Il sera plus tard exhaussé de trois étages.

L'immeuble voisin fut bâti en 1872 d'après les plans de l'architecte Maurice H. Perrault pour la Banque du Peuple. En 1898, la Banque d'Hochelaga (future BCN) en fait l'acquisition à la suite de la faillite, en 1897, de la Banque du Peuple.

Quant au troisième édifice, il est certainement contemporain des deux précédents; on peut supposer qu'il s'agit de l'édifice dont un mur apparaît sur le dessin du «Canadian Illustrated News».

Les façades de ces trois édifices de la rue Saint-Jacques construits vers 1870-1872 donnent une image caractéristique de l'architecture commerciale montréalaise de cette époque.

**Montréal**
**4040, rue Sherbrooke est**
**Château Dufresne**
**Construit entre 1916 et 1918 et**
**restauré en 1976-1977**
I.B.C., 76-1480-2A (35)   I.B.C., 76-837 (45)

**68**

Les frères Oscar et Marius Dufresne, hommes d'affaires fort riches et connus du début du XXième siècle, se firent construire ces maisons jumelées entre 1916 et 1918 d'après les plans dressés par Marius Dufresne lui-même, secondé vraisemblablement par un architecte français. Il s'agit d'un édifice en pierre blanche de l'Indiana, inspiré du Petit Trianon de Versailles, dont la construction s'inscrit dans la politique de grandeur de la ville de Maisonneuve. Le Château Dufresne est le premier bâtiment à Montréal à être construit sur des piliers de béton armé.

Ces résidences se caractérisent surtout par la richesse de leur décoration intérieure. L'artiste Guido Nincheri, responsable de la décoration peinte dans la maison d'Oscar y réalisa, de 1922 à 1934, plus de trente tableaux inspirés de la Beauté et des thèmes de la mythologie grecque et romaine. Les quinze fresques du plafond du grand salon d'Oscar photographié ci-contre illustrent les amours d'Orphée et d'Eurydice. D'autre part, le peintre belge Alfred Faniel décora la maison de Marius. On retrouve également dans les deux maisons plusieurs vitraux représentant les «stars» féminimes de l'époque.

La fondation McDonald Stewart entreprend en 1976 et 1977 la restauration du Château abandonné depuis quelques années. Elle a permis de retrouver ces oeuvres peintes camouflées sous de la peinture blanche et de reconstituer quelques vitraux. Une bonne partie du mobilier original a été récupéré et placé dans la maison d'Oscar.

**Montréal-nord
5460, boulevard Gouin est
Maison Annegrave (maison Drouin-Xénos)
Construite en 1741 et
restaurée entre 1970 et 1974**
I.B.C., 75-247-5 (22)          I.B.C., 77-1639-17 (35)          **69**

Cette maison fut construite en 1741-1742 pour Pierre Annegrave. Elle se caractérise à l'extérieur par une dissymétrie des ouvertures, ses cheminées en-dehors de l'axe du faîte du toit et sa façade chaulée alors que les autres murs ne le sont pas. Cette maison a par ailleurs conservé un évier en pierre, un ensemble formé d'un foyer et d'un four au sous-sol, un plafond à poutres apparentes, des foyers et un escalier en bois.

**70**

Montréal (Sault-au-Récollet)
1841, boulevard Gouin est
Église de la Visitation
de la Bienheureuse Vierge Marie
Construite en 1749-1751 et 1851
I.B.C., 75-253-11 (22)

I.B.C., 73-311 (22)

L'origine du village du Sault-au-Récollet remonte en 1696, année où le supérieur des Sulpiciens décida d'y installer une mission indienne. Celle-ci fut transférée à Oka en 1721. Par la suite, le territoire fut colonisé et la paroisse érigée canoniquement en 1736 sous le vocable de la Visitation de la Bienheureuse Vierge Marie.

Le corps principal de l'église et la sacristie en appentis furent édifiés entre 1749 et 1751 par l'entrepreneur en maçonnerie Charles Guilbault. La deuxième sacristie, à toit à deux pans, en pierres des champs, sera construite en prolongement de la première en 1844. La différence de la pierre et la brisure latérale des volumes indiquent clairement la nouvelle partie de l'église réalisée en 1851 d'après les plans de l'architecte John Ostell. Le fronton classique, le frontispice et les deux tours furent bâtis à cette date tandis que les clochers ne seront élevés qu'en 1863 par François Dutrisac, charpentier du village.

L'intérieur de l'église se caractérise par sa structure simple (abside carré, nef unique et chapelles secondaires) et par une richesse incroyable des éléments de décoration. Trois sculpteurs principaux oeuvreront dans l'église et lui donneront son aspect actuel: Philippe Liébert, Louis Quevillon et David-Fleury David.

Philippe Liébert réalisa les bas-reliefs polychromes des portes de sacristie en 1771 et 1772. Ceux-ci représentent les exploits de Samson tuant un lion et transportant les portes de Gaza. En 1792, il mettra à nouveau son talent au service de l'église de la Visitation en sculptant le tabernacle du maître-autel et les statues de saint Marc et saint Jean qui y sont incluses.

Louis Quevillon sculpte, pour sa part, le tombeau du maître-autel en 1806 et les autels latéraux, tabernacles et tombeaux, en 1803.

Les travaux les plus imposants sont exécutés par David-Fleury David entre 1816 et 1830. Il réalise la décoration d'ensemble de l'église: retable du maître-autel et reta-

bles des autels latéraux, la voûte, la corniche d'ordre corinthien autour de l'église.

Vincent Chartrand sculpte la chaire en 1837. Cinq tableaux complètent l'ornementation des retables du maître-autel et des autels latéraux. La Visitation, tableau du XVIIième siècle, copie de Pierre ou Nicolas Mignard, fut achetée à Paris avant 1756 par le curé Champon. Les tableaux de saint Michel et sainte Anne, d'auteurs inconnus, placés au-dessus des autels latéraux furent acquis en 1755. Les tableaux de sainte Agnès et sainte Catherine d'Alexandrie au-dessus des portes de la sacristie sont l'oeuvre de Thomas Valin, peintre québécois, qui les vendit à la fabrique en 1834.

Les contreforts des longs pans de l'église furent ajoutés à une date récente. Par contre, un livre de comptes nous apprend que dès 1755, sous la direction du curé Champon, on élève déjà des contreforts de pierre pour consolider les deux longs pans de l'édifice ébranlés par de grands vents.

Cette maison aurait été habitée par François Armand dit Flamme, grand propriétaire et lieutenant-colonel de milice. La maison en moellon appartient à un type architectural traditionnel de la région de Montréal de la fin du XVIIième et du début du XVIIIième siècles caractérisé par les cheminées en chicane dont le principe consistait à passer les cheminées à côté du faîte du toit.

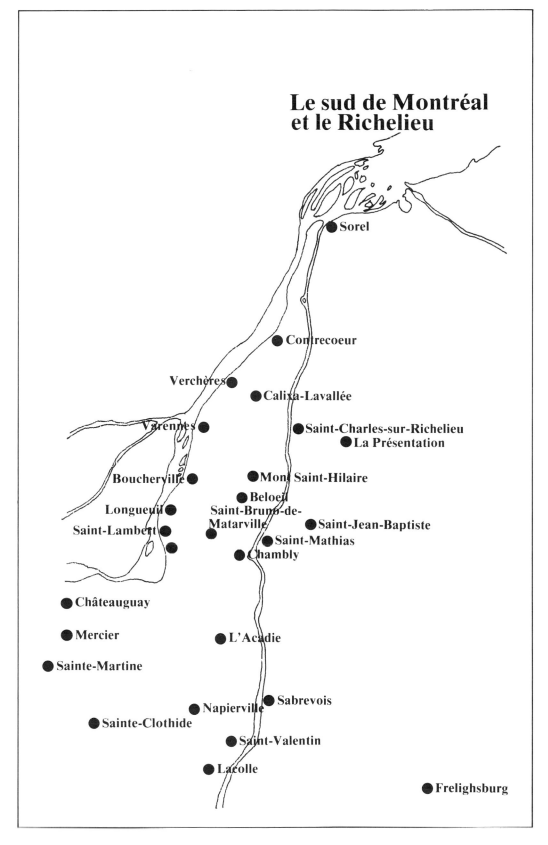

**Le sud de Montréal
et le Richelieu**

● Sorel

● Contrecoeur

Verchères ●

● Calixa-Lavallée

Varennes ●

● Saint-Charles-sur-Richelieu
● La Présentation

Boucherville ●

● Mont Saint-Hilaire

● Beloeil
Longueuil ●
Saint-Bruno-de-
Matarville ●

Saint-Lambert ●

● Saint-Jean-Baptiste

● Saint-Mathias

● Chambly

● Châteauguay

● Mercier

● L'Acadie

● Sainte-Martine

● Sabrevois

● Napierville

Sainte-Clothide ●

● Saint-Valentin

● Lacolle

● Frelighsburg

**74**

**Sainte-Clothilde**
**1186, Grand Rang**
**Maison Claude Normand**
**1834**
**1975 et 1976**
**E.O.Q., 77-8-0873**

**Sainte-Martine**
**160, boulevard Saint-Joseph**
**Maison Primeau (maison Coppenrath)**
**1823**
**I.B.C., 75-297-9 (22)**

Une pierre gravée au-dessus de la porte d'entrée indique l'année de construction, 1834. Elle aurait vraisemblablement été érigée par un nommé William Anderson.

D'un type très répandu, cette maison rurale construite en 1823 fut habitée par Marc-Antoine Primeau, riche marchand et un des premiers artisans du développement économique de la région. Une cuisine d'été de même construction que le corps principal prolonge la façade de la maison au nord.

**Mercier,**
**540, boulevard Salaberry est**
**Maison Sauvageau-Sweeny**
**Début XIXième siècle**
**I.B.C., 75-53-35 (35)**

**Châteauguay**
**Boulevard Youville**
**Église Saint-Joachim**
**1775-1779 et 1840**
**I.B.C., 75-298-11 (22)**

La tradition orale raconte que cette maison aurait appartenu à la Compagnie de la Baie d'Hudson et aurait servi de relais sur la route entre l'État de New-York et Montréal. La maison en pierre date vraisemblablement du début du XIXième siècle. Elle se distingue par son toit à pente faible à quatre versants et par sa lucarne en forme de fronton en façade.

La paroisse de Saint-Joachim est la plus ancienne de la seigneurie de Châteauguay. L'église actuelle fut construite par étapes: le corps principal entre 1775 et 1779, les deux tours en 1840 et l'élargissement de la nef au XXième siècle. Les registres d'état civil de la paroisse remontent à 1735 et sont d'abord signés par des missionnaires puisque le premier curé ne fut nommé qu'en 1789.

**76**

Brossard
5425, boulevard des Prairies
Maison Sénécal
XVIIIième siècle
E.O.Q., 77-8-0883

Brossard
5505, boulevard des Prairies
Maison Deschamps
1811
I.B.C., 77-662 (45)

Cette maison, construite au XVIIIième siècle, constitue un vestige du premier peuplement de la région de Laprairie. En effet,
les guerres iroquoises ont empêché l'établissement des colons dans cette seigneurie
avant le XVIIIième siècle. La maison a conservé une charpente intéressante, un évier
en pierre et deux âtres.

Exemple d'architecture urbaine transplan-
tée en milieu rural tout comme la maison
Pagé à Lotbinière, cette maison en pierres des champs se caractérise par ses murs
pignons prolongés de coupe-feu et surmon-
tés d'une cheminée double.

**Saint-Lambert**
**405, Riverside Drive**
**Maison Auclair.**
**349, Riverside Drive**
**Maison Marsil.**
**ca 1750**
I.B.C., 75-293-8 (22)    I.B.C., 75-47-6 (35)

**77**

Cex deux maisons furent construites par des descendants de André Marsil arrivé au pays au XVIIIième siècle. Elles présentent plusieurs points communs. Les murs sont en moellons: seules les pierres de chaînage sont équarries. Deux cheminées surmontent les pignons, une vraie au nord et une fausse au sud. Les carrés des deux maisons sont maintenus par des bandes de fer faisant office de tirant. Des traces sur les pignons nord révèlent qu'il y avait à l'origine, des cuisines d'été. Les structures des maisons, murs et charpentes, sont demeurées intactes. Elles se distinguent par le fait que la maison Auclair n'a pas de larmier ni de mur de refend à la cave tandis que la maison Marsil a un mur de refend (elle est plus grande) et un larmier probablement ajouté au XIXième siècle.

**Saint-Lambert
789, Riverside Drive
Maison Sharpe
I.B.C., 74-610-1A (35)**

**Longueuil
1510, rue Saint-Charles ouest
Maison Patenaude
Construite au milieu du XIXième siècle
et restaurée en 1974-1975
I.B.C., 77-032-12 (22)**

Construite en pierre, cette maison se caractérise par ses galeries avant et arrière. La fenêtre de la laiterie située en prolongement de la façade de la maison, du côté nord, possède encore sa ferrure d'origine.

Cette maison aurait été construite dans la première moitié du XVIIIième siècle par les membres de la famille Patenaude. Trois traits architecturaux la caractérisent: la profondeur de la maison est plus grande que sa largeur; la structure du toit ne comprend qu'une seule ferme, les pannes étant appuyées aux extrémités sur les murs-pignons; les cheminées sont situées de part et d'autre du faîtage sur chaque pignon.

**Longueuil**
**90, rue Saint-Charles est**
**Maison Labadie**
**1834**
**Démolie et reconstruite en 1959**
I.B.C., 75-293-6 (22)

Cette école, dont la construction fut décidée par un arrêté du Conseil de Fabrique de Longueuil en avril 1832, devint, quelques années plus tard, le berceau de la Communauté des Soeurs des Saints Noms de Jésus et de Marie. C'est là que pendant l'année scolaire 1843-1844, les trois premières religieuses de la communauté prirent l'habit et enseignèrent à 63 filles.

Les actes notariés concernant la terre de la famille Lamarre nous apprennent que cette maison en pierre fut construite entre 1761 et 1806 par André Lamarre, père ou fils. Le toit à la mansarde, refait à la fin du siècle dernier, camoufle la charpente originale conservée en-dessous.

**Boucherville**
**300, boulevard Marie-Victorin**
**Maison Louis-Hippolyte Lafontaine**
**Deuxième moitié du XVIIIième siècle**
I.B.C., 76-1869-16 (35)

**Boucherville**
**601, boulevard Marie-Victorin**
**Maison Duclos Decelles**
**(maison Nicole Saia)**
**Construite en 1788 et entre 1812 et 1819;**
**l'intérieur fut restauré en 1967**
I.B.C., 77-032-9 (22)

Cette maison de pierre fut construite dans la deuxième moitié du XVIIIième siècle par François Lacombe. Le jeune Louis-Hippolyte Lafontaine viendra y habiter avec sa mère, de 1813 à 1822, alors que celle-ci est l'épouse de Joseph Truillier Lacombe, propriétaire de la maison. Plus tard, Sophie, soeur de Louis-Hippolyte, en héritera.

En 1964, la maison située originellement dans le village au coin des rues Notre-Dame et Louis-Hippolyte Lafontaine, est déménagée dans le Parc de la Seigneurie de Boucherville.

En 1788, Jean-Baptiste Gauthier dit Saint-Germain possède à cet endroit un hangar de pierre à deux étages qu'il vendra à son gendre Christophe Duclos Decelles, en 1812. Ce dernier transforme le hangar en résidence, entre 1812 et 1829, en y aménageant l'intérieur et y ajoutant une cheminée en brique, des avants-toits, une lucarne à l'arrière et plusieurs ouvertures.

**Boucherville**
**468-470, boulevard Marie-Victorin**
**Maison François-Pierre Boucher**
**1741 et 1841**
**1975-1976**
I.B.C., 76-119-7 (22)

**Boucherville**
**466, boulevard Marie-Victorin**
**La Chaumière**
**Construite en 1742,**
**transformée en 1894**
**et restaurée en 1966**
I.B.C., 75-291-8 (22)

**81**

François-Pierre Boucher, troisième seigneur de Boucherville fit construire cette maison de pierre par le maître d'oeuvre Michel Huet dit Dulude en remplacement du vieux manoir ancestral bâti en pièces sur pièces. Charles-Eugène Boucher de Boucherville, premier ministre du Québec en 1874-1878 et en 1891-1892 aurait vécu dans cette maison.

Celle-ci subit quelques modifications architecturales en 1841 au moment où on ajoute les murs coupe-feu et les fausses cheminées jumelées.

Construite par François-Pierre Boucher de Boucherville, cette maison était à l'origine une dépendance de son manoir. Déjà surnommée la Chaumière et utilisée comme résidence d'été, la maison subit en 1894 quelques modifications: on déplace l'entrée, on construit une galerie sur toute la devanture et on pratique de nouvelles ouvertures.

**Boucherville**
**386, boulevard Marie-Victorin**
**Maison Quintal (dite Quesnel)**
**Construite entre 1727 et 1750**
**et restaurée en 1975**
I.B.C., 76-1225-9A (35)

**Boucherville**
**Boulevard Marie-Victorin**
**Église de la Sainte-Famille**
**1801 et 1844**
**1969**
I.B.C., 77-045-4 (22)

François Quintal, fils, construisit cette maison entre 1727 et 1750 sur une terre concédée à son père, en 1673, par Pierre Boucher de Boucherville. Plusieurs générations de Quintal l'habitèrent jusqu'en 1844, année où la maison fut vendue à Frédéric-Auguste Quesnel, homme fort riche, qui possédait de nombreuses terres dans la région de Montréal.

En 1887, les transformations exécutées par le propriétaire Damase Parizeau, grand marchand de bois à Montréal, camouflèrent la vieille maison de pierre du régime français: on releva le toit de façon à ce que la maison ait dorénavant deux étages sur les façades et on recouvrit la pierre d'un revêtement de bois fort riche en décoration.

Le plan de l'église de la Sainte-Famille fut mis au point entre 1790 et 1800 par l'abbé Pierre Conefroy, curé de la paroisse de 1790 à 1816.

Un incendie ravage presque la totalité de l'église en 1843; il ne reste alors de l'édifice construit par le maçon Louis Comptois que les murs édifiés par celui-ci sous les indications du curé Conefroy. L'église est immédiatement reconstruite en 1843-1844; les murs de maçonnerie sont réparés et on ajoute un oeil-de-boeuf en façade. Tout doit être repris: charpente, toiture, clocher, voûte et plancher.

La décoration intérieure sera entreprise entre 1847 et 1850 par Louis-Flavien et Louis-Thomas Berlinguet sous la direction de ce dernier, qui avait déjà réalisé le clocher en 1844.

La sacristie avait été agrandie de quinze pieds en 1833-1834; en 1879, on y construit un baptistère adjacent d'après les plans de Victor Bourgeau.

Verchères
**1025, boulevard Marie-Victorin**
**Moulin à vent Dansereau**
**XIXième siècle**
I.B.C., 16477-478 A-9
I.B.C., 77-663 (45)

**83**

I.B.C., 76-1103 (45)

Plusieurs éléments du mobilier ont été sauvés de l'incendie de 1843. Le tabernacle du maître-autel exécuté vers 1745 par Gilles Bolvin repose sur un tombeau réalisé par Louis Quevillon en 1801-1802. Les tabernacles des autels latéraux de même que le tombeau de l'autel latéral droit, furent également sculptés par ce dernier entre 1801 et 1809. Trois tableaux de Jean-Baptiste Roy-Audy, peints entre 1819 et 1826 ornent les retables des trois autels. En 1879, Lavoie et Beaulieu ornent la voûte de peintures décoratives.

L'église de la Sainte-Famille de Boucherville fut restaurée en 1969 en alliant les besoins de la nouvelle liturgie à la conservation des oeuvres d'art des siècles derniers.

Ce moulin pourrait servir à illustrer le type de moulin à vent typique du Québec. Il a conservé sa forme originale et son mécanisme intérieur mais il a perdu ses ailes. La photo tirée du fonds Gariépy le montre tel qu'il était au début du siècle.

Un premier calvaire fut érigé par Michel Brisset vers 1774 sur un terrain clos d'un mur de maçonnerie. Ce même mur existerait encore. Les livres de comptes révèlent que des personnages furent achetés pour le calvaire en 1790. Détruit par le vent en 1828, un autre calvaire de la même hauteur et de la même largeur est reconstruit, au même endroit, peu de temps après, par le menuisier Ubaldin Richard. Nous ne connaissons pas avec certitude les auteurs des personnages du calvaire actuel; ils ont toujours été attribués au sculpteur Louis-Thomas Berlinguet mais une restauration récente montre qu'ils sont l'oeuvre de deux auteurs différents.

**Contrecoeur**
**182, rue Sainte-Trinité**
**Maison Le Noblet-Duplessis**
**1794**
**I.B.C., 75-001-2 (22)**

**Sorel**
**Entre les rues Georges, Charlotte,**
**Prince et Roi**
**Carré Royal**
**Tracé en 1783 et**
**restauré en 1967**
**I.B.C., 77-664 (45)**

**85**

Cette maison en bois sur fondations de pierre, construite en 1794, fut habitée entre 1811 et 1840 par le notaire Le Noblet-Duplessis chez qui les chefs des patriotes de 1837 se sont réunis à quelques reprises. Au milieu du XIXième siècle, trois grosses lucarnes et une large galerie couverte à colonnes sont venues transformer l'aspect général de la maison. Quelques séquences du film «Kamouraska» de Claude Jutras y furent tournées.

La ville de Sorel s'est développée à la fin du XVIIIième siècle à côté du fort et des bâtiments construits aux alentours sous le régime français. La ville prit un réel essor après l'achat de la seigneurie par le gouverneur Haldimand. Vers 1783, un ingénieur civil, probablement le major French, trace le plan de la ville en forme de quadrilatère avec des rues larges qui se coupent à angle droit. Au centre de ces rues désignées par les noms des principaux personnages de la famille royale britannique, on laisse une place publique nommée d'abord Place d'Armes et connue aujourd'hui sous l'appellation de Carré Royal.

En 1787, c'est là que la garnison du fort de Sorel y saluera le prince William Henry qui donnera son nom à la ville jusqu'au milieu du XIXième siècle. De très beaux arbres d'essences diverses presque tous centenaires peuplent aujourd'hui le parc.

**Sorel**
**Rue du Prince**
**Église «Christ Church»**
**Presbytère**
**1842-1843**
**1843**
I.B.C., 75-625 (45)        I.B.C., 75-268-12 (22)

**86**

Fondée en 1784 pour les loyalistes venus habiter la seigneurie de Sorel, la paroisse «Christ Church» eut deux églises successives. L'église actuelle fut construite en briques, en 1842-1843, par James Sheppard sur les plans de l'architecte John Wells. Le presbytère, de même style que l'église, fut édifié quelques mois plus tard.

**Sorel**
**Église Saint-Pierre**
**Construite en 1826-1830 et**
**restaurée en 1906 et 1960**
I.B.C., 76-1460 (45)

I.B.C., C.76-249 (45)

**87**

L'église Saint-Pierre de Sorel fut construite sur un terrain concédé par le gouvernement, en 1822, pour éloigner l'église des Quartiers militaires. Les maçons Pierre Deauplaise et François Larue y travaillèrent en 1829-1830.

La décoration intérieure en bois fut réalisée par Augustin Leblanc entre 1831 et 1842. La sacristie fut agrandie en 1881-1882; les clochers actuels remplacèrent les originaux en 1906-1907.

**Sorel**
**Chemin Saint-Ours**
**Château des Gouverneurs**
**Construit à la fin du XVIIIième siècle,**
**au début du XIXième siècle;**
**restauré entre 1959 et 1962**
I.B.C., 75-268-2 (22)

**88**

**Frelighsburg**
**Rue du Moulin**
**Moulin**
**Ca 1839**
I.B.C., 75-300-11 (22)

Commencée en 1781 et agrandie dans les années suivantes, cette maison a subi plusieurs modifications au cours des ans puisque l'architecture et la décoration ont été revues à plusieurs reprises lors des nombreux changements d'occupants. Achetée en 1781, par les autorités gouvernementales qui venaient d'acquérir la seigneurie de Sorel, pour y loger la famille du baron Von Riedesel, commandant des armées à Sorel, la maison servit de résidence jusqu'en 1866 aux commandants militaires et aux gouverneurs. Les ducs de Kent et de Richmond, le comte Dalhousie et le général Colborne comptent parmi les nombreux occupants du Château.

Construit vers 1839, ce moulin fonctionna jusqu'en 1965; il est présentement utilisé comme résidence secondaire.

Ce bâtiment a remplacé un premier moulin en bois, construit en 1796 et acheté par un immigrant de New-York, le docteur Freligh en 1801. Le fils de ce dernier, Richard, fit bâtir le moulin actuel vers 1839.

Quelques détails architecturaux comme les fenêtres à guillotine dénotent sur ce bâtiment une inspiration américaine.

**Lacolle**
**Blockhaus**
**1812**
**Restauré entre 1955 et 1975**
I.B.C., 75-281-11 (22)

**Saint-Valentin**
**Petit Rang**
**Maison Lorrain**
I.B.C., 75-303-6 (22)

Le blockhaus fut construit en 1812 dans le cadre de l'établissement du système de défense du Bas-Canada contre l'invasion américaine appréhendée à la veille de la guerre anglo-américaine de 1812-1814. Effectivement une bataille eut lieu à Lacolle le 30 mars 1814 au moulin fortifié de l'autre côté de la rivière. Le blockhaus a certes subi quelques transformations depuis sa construction: les nombreuses portes et fenêtres ont remplacé à maints endroits les meurtrières jadis placées à hauteur d'homme. Une grande meurtrière horizontale se trouvait en-dessous du toit. On présume que la poudrière était située juste en-dessous de la cheminée.

De prime abord, cette maison nous apparaît austère; elle n'a ni lucarne, ni contrevent, ni galerie. Elle devait être quelque peu différente dans sa jeunesse avec un toit habillé différemment et une galerie ou tout au moins un escalier donnant accès à la porte arrière de la maison. Fait intéressant, la cheminée centrale prolonge un foyer à deux âtres adossés s'ouvrant sur chacune des deux pièces du rez-de-chaussée. Il reste très peu de maisons présentant cette dernière caractéristique dans la région de Montréal, bien que les documents historiques révèlent qu'il y en eut beaucoup.

**90**

Napierville
**Ancien palais de justice**
ca 1834
I.B.C., 75-283-4 (22)

Saint-Blaise
**Maison Roy**
**1835**
**1974-1975**
I.B.C., 75-280-9 (22)

Cet édifice fut construit vers 1834 par les architectes Thompson et Perry. Il servit d'abord à loger la cour de justice et la prison du comté de l'Acadie. Aujourd'hui, on retrouve dans ce bâtiment les bureaux de l'hôtel-de-ville, du conseil du comté et du bureau d'enregistrement.

Construite par David Roy entre 1835 et 1837, cette maison de pierre de rang se caractérise d'abord par son rez-de-chaussée surélevé et la profondeur des fondations (11 pieds). À noter la porte d'entrée haute et étroite, les jambages de fenêtre en pierre peignée, l'absence d'avant-toit et de lucarne, la différence de niveau entre la maison et la cuisine d'été. Four à pain, tiroir et armoires encastrés dans la muraille, évier de pierre sont autant d'éléments intérieurs qui ont été préservés.

**L'Acadie**
**777, chemin des Vieux-Moulins**
**Bâtiments Roy**
**(bâtiments Laurin-Sainte-Marie)**
**maison: 1805**
**remise: date inconnue**
**étable: ca 1845**
**grange: ca 1854**
**ensemble restauré en 1974-1975**
I.B.C., 77-896 (45)

I.B.C., 75-283-7 (22)
I.B.C., 75-282-6 (22)

**91**

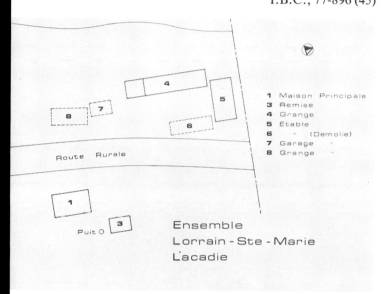

1 Maison Principale
3 Remise
4 Grange
5 Etable
6 " (Demolie)
7 Garage
8 Grange "

Route Rurale

Puit O

Ensemble
Lorrain - Ste - Marie
L'acadie

La famille Roy fit construire la maison de ferme en 1805 et par la suite les autres bâtiments dont la remise et l'étable en pierre, et la grange en bois, aujourd'hui restaurées. La maison est caractérisée par l'élévation du rez-de-chaussée à 6 pieds au-dessus du niveau du sol. Les bâtiments suscitent un intérêt particulier grâce à l'utilisation de la pierre comme matériau de construction et grâce à l'ensemble qu'ils composent; en effet, les bâtiments de ferme, encore en place ou disparus, formaient une cour. L'ensemble fut même complété au XIXième siècle par un moulin à scie.

**L'Acadie**
**Chemin du Clocher**
**Église Sainte-Marguerite-de-Blairfindie,**
**1801**
**Presbytère, 1821**
**École. 1828**
**Église restaurée en 1955**
I.B.C., 75-282-8 (22)        I.B.C., 75-284-2 (22)

**92**

L'église, le presbytère et l'école formaient dans nos campagnes le coeur de la vie communautaire d'une paroisse. L'Acadie est un des rares villages à avoir conservé ces trois éléments.

L'histoire de la paroisse commence vers 1750 avec la concession de quelques terres à des Canadiens français. À la suite de la déportation des Acadiens, en 1755, plusieurs d'entre eux, dispersés sur la côte de la Nouvelle-Angleterre, viennent s'établir au Québec. Les premiers s'installent à l'Acadie en 1764 et déjà en 1768, ils forment un bon groupe. À ce noyau de peuplement s'ajoutent des Anglais, des Irlandais, des Écossais et une petite colonie suisse.

Dès 1782, Basile Proulx, entrepreneur de Montréal, érige un presbytère en pierre dont l'étage supérieur sera utilisé comme église. Selon leurs moyens financiers, les syndics achètent peu à peu les objets du culte; en 1790, ils acquièrent une cloche qui se trouve encore dans le clocher de l'église actuelle.

En 1800-1801, Pierre Denaut, envoyé spécial de l'évêque, détermine le site et les dimensions de la future église. Celle-ci est une oeuvre de collaboration entre les maîtres-maçons Odelin et Marcoux et Joseph Nolette maître-charpentier et menuisier, exécutée fort probablement d'après le plan-type de Pierre Conefroy. L'église de l'Acadie se caractérise par l'élan du clocher à double lanterne et la faible saillie du transept.

Les sculptures de Georges Finsterer et de son Fils Daniel, les peintures de Louis Dulongpré et Yves Tessier donnent à l'église de l'Acadie, en plus de sa valeur architecturale, une valeur artistique certaine.

En 1821, le presbytère actuel est érigé en remplacement de l'ancien presbytère devenu trop exigu. Ce nouvel édifice abritera les classes de l'école paroissiale mixte et deux salles des habitants. Celles-ci disparaîtront en 1877, année où les locaux furent cédés au logement du curé.

En 1828, l'école est construite afin d'y loger les classes de filles et les séparer ainsi des garçons. Elle sert aujourd'hui de résidence au sacristain de la paroisse.

**Sabrevois (Sainte-Anne-de)**
**Maison Honoré Mercier**
**Construite en 1820 et**
**restaurée dans les années 1970**
I.B.C., 75-281-8 (22)

I.B.C., 75-282-12 (22)

Cette maison en bois lambrissée de planches verticales, construite vers 1820, serait la maison natale de l'honorable Honoré Mercier, premier ministre de la province de Québec entre 1887 et 1891.

**94**

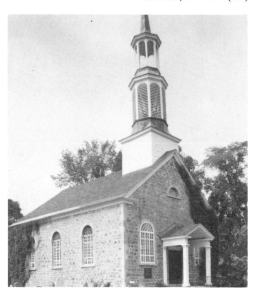

Saint Stephen, église anglicane de Chambly, fut élevée en 1820 pour la population britannique et les réfugiés loyalistes américains qui habitaient les environs du village. Elle servit jusqu'en 1869 de chapelle à la garnison britannique du fort de Chambly.

Cette belle maison en pierre, sans lucarne, construite probablement à la fin du XVIIIième siècle ou au début du XIXième siècle, est la première maison du village historique de Chambly auprès de laquelle fut déménagée la maison Saint-Hubert.

**Chambly**
**2550, chemin de Chambly**
**Maison Saint-Hubert**
**XVIIIième siècle**
I.B.C., 75-278-10 (22)

**Saint-Bruno de Montarville**
**Vieux presbytère**
**1840**
**1966**
I.B.C., 75-303-9 (22)

Cette maison construite à Saint-Hubert a été démontée et reconstituée sur le site actuel dans le but de recréer un village alors appelé Village historique de Chambly.

Pour être déménagé de son emplacement initial près de l'église sur le site actuel, le vieux presbytère dut être démoli et reconstruit, en 1966. Ce bâtiment rappelle, malgré le carré de la maison d'inspiration traditionnelle, certaines grandes résidences du sud des Etats-Unis grâce à ses colonnes d'ordre colossal qui soutiennent la galerie.

**96**

**Saint-Mathias**
**Église et enclos paroissial Saint-Mathias**
**1784-1788, 1818**
**1953**
I.B.C., 75-280-12 (22)

Photo Jean Bélisle

Autrefois, beaucoup d'églises avaient leur cimetière contigu ceinturé d'un mur. Ces murs sont disparus à peu près partout à quelques exceptions près, dont l'enclos paroissial de Saint-Mathias. Un mur d'une hauteur de six pieds, coupé de deux portails, incluant deux charniers, entoure l'église sur trois côtés. Seule la façade donne en dehors de l'enclos. L'église commencée en 1784 subit une transformation majeure en 1818 lorsqu'elle fut agrandie par le choeur. La décoration intérieure fut exécutée entre 1821 et 1833 par René Saint-James dit Beauvais, Paul Rollin et Jean-Baptiste Baret.

**Saint-Jean-Baptiste**
**Église Saint-Jean-Baptiste**
**1807, 1886-1887**
**I.B.C., 75-286-6 (22)**

**Beloeil**
**96-98, rue Richelieu**
**Maison Guertin**
**Ca 1835**
**I.B.C., 76-862 (45)**

L'édifice fut construit en 1807-1808. Plus tard, en 1886-1887, l'architecte L.-Zéphirin Gauthier en modifia considérablement la façade et la voûte. Des oeuvres de sculpteurs tels Louis Quevillon, Charles Desnoyers et Vincent Chartrand enrichissent l'intérieur de cette église.

Cette grande maison en pierres des champs rappelle à la fois la maison monumentale québécoise et l'habitation d'inspiration américaine. La corniche en forme de pignon, la soffite décorée de caissons, la symétrie des ouvertures en façade sont autant de signes du renouveau classique américain; cependant, le gabarit général, le matériau et les cheminées massives sont typiquement québécois.

**98**

**Beloeil**
**2100, boulevard Richelieu**
**Maison de Pré-vert**
**Restaurée entre 1967 et 1969**
I.B.C., 75-291-3 (22)

**Mont-Saint-Hilaire**
**Église Saint-Hilaire**
**1830-1840**
I.B.C., 75-270-9 (22)

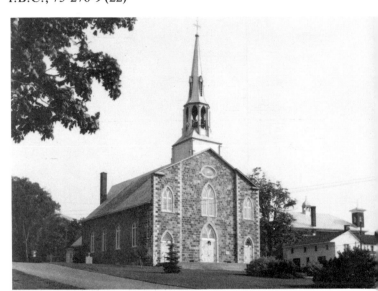

Cette belle maison d'esprit traditionnel, en perdition il y a quelques années, fut restaurée: le côté ouest de la maison, cheminée, pignon et couverture a dû être refait à l'image du côté est.

L'église fut érigée entre 1830 et 1837; le marché de construction spécifiait que la façade devrait être semblable à celle de l'église Saint-Sulpice. Le clocher date de 1874. La décoration intérieure se caractérise par une collection de quinze grandes peintures sur toile, d'un médaillon sur plâtre et d'un chemin de croix réalisés, à la fin du XIXième siècle, par Ozias Leduc.

**La Présentation**
**Église de la Présentation**
**1817-1820**
I.B.C., 75-269-5 (22)

Commencée en 1817 d'après le plan-type de Pierre Conefroy, l'église fut bénie en 1820. L'intérieur sera décoré en 1822-1823 par René Saint James et de 1823 à 1837 par François Dugal.

**100**

**Saint-Charles-sur-Richelieu**
**305, chemin Richelieu**
**Maison Hébert**
**(maison Maurice Sauvé)**
**1804**
**1972-1973**
**I.B.C., 75-265-5 (22)**

**Calixa-Lavallée (Sainte-Théodosie)**
**289, rang de la Beauce**
**Maison Moussard**
**Construite ca 1837 et**
**restaurée entre 1964 et 1970**
**I.B.C., 75-144-3 (22)**

Le carré de la maison fut édifié par un cultivateur nommé Amable Hébert. Le curetage et la restauration ont permis de remettre en évidence des éléments architecturaux camouflés ou disparus. Armoires encastrées, âtres, poutres chanfreinées, planchers de madriers ont revu le jour alors que des vestiges du four à pain ont permis de le reconstruire là où il était. Cette maison en pierres des champs est aujourd'hui blanchie avec des pignons couverts de planches verticales.

Cette maison de pierre attire l'attention par ses doubles cheminées massives, sa forme presque carrée et le faible débordement du toit. Au sous-sol, se trouvent un four à pain, un cellier et une cave à légumes.

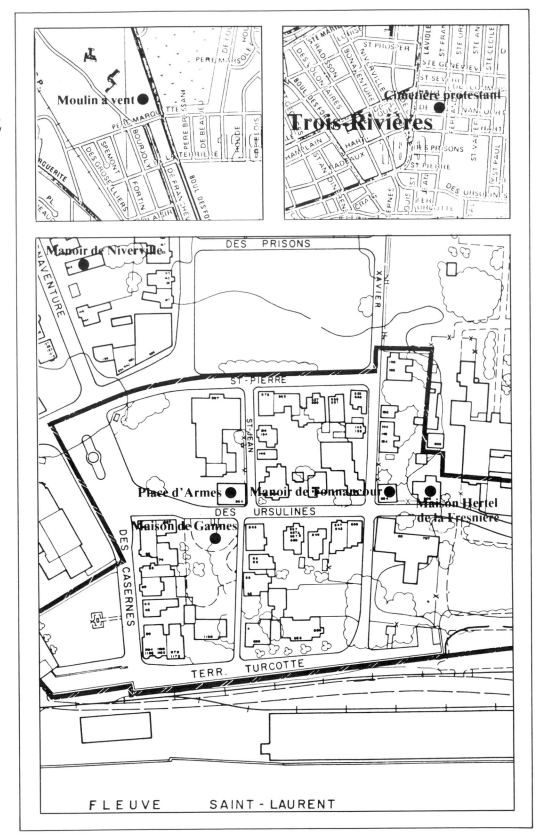

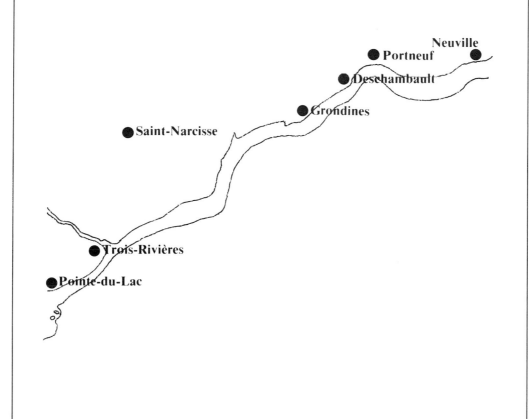

Neuville

Portneuf

Deschambault

Grondines

Saint-Narcisse

Trois-Rivières

Pointe-du-Lac

**104**

**Pointe-du-Lac
2930, rue Notre-Dame
Moulin seigneurial de Tonnancour
ca 1796
restauration en cours
I.B.C., 74-497-11 (22)**

Le moulin seigneurial doit son nom à la seigneurie de Tonnancour, née de la fusion des terres de deux familles lors du mariage de Marguerite Seigneuret avec Louis Godefroi de Normanville, en 1663.

Dès 1721, le seigneur René Godefroi de Tonnancour faisait construire sur sa seigneurie, pour en amorcer la colonisation, un moulin à farine, un manoir et une église.

En 1794, la seigneurie est achetée aux enchères par Nicolas Montour, ancien coureur des bois qui avait fait fortune avec la Compagnie du Nord-Ouest. Il prit au sérieux son rôle de seigneur; il fit construire un nouveau manoir, creuser des canaux d'une longueur de six milles pour amener plus d'eau au moulin. Ce fut probablement lui qui dota la seigneurie du moulin actuel entre 1794 et 1808.

En 1876, le moulin et le manoir deviennent la propriété de Monsieur Duplessis qui enlève la roue à aube pour la remplacer par des turbines. En 1925, les Frères de l'Instruction chrétienne en prennent possession et y effectuent de nombreuses réparations ayant pour but de conserver le bâtiment debout. Depuis 1973, ils ont passé un bail de dix ans avec une corporation sans but lucratif qui s'est donné comme tâche la rénovation, la restauration et l'animation du moulin.

À l'intérieur, le moulin est divisé depuis 1881 en deux parties; la première a été aménagée en logement pour le meunier et la deuxième abrite les mécanismes du moulin. Il y reste encore deux moulanges avec trémie, une moulange gisante et un bluteau. Adjacent au bâtiment classé, il y a un moulin à scie encore en état de fonctionner.

**Trois-Rivières**
**Angle du boulevard des Forges**
**et Père Grenier**
**Moulin à vent**
**1781**
I.B.C., 75-215-7 (22)

A.P.C.

# 105

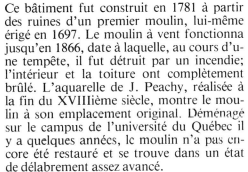

Ce bâtiment fut construit en 1781 à partir des ruines d'un premier moulin, lui-même érigé en 1697. Le moulin à vent fonctionna jusqu'en 1866, date à laquelle, au cours d'une tempête, il fut détruit par un incendie; l'intérieur et la toiture ont complètement brûlé. L'aquarelle de J. Peachy, réalisée à la fin du XVIIIième siècle, montre le moulin à son emplacement original. Déménagé sur le campus de l'université du Québec il y a quelques années, le moulin n'a pas encore été restauré et se trouve dans un état de délabrement assez avancé.

**Trois-Rivières**
**Rue Saint-François-Xavier**
**Cimetière protestant**
**XVIIIième siècle**
**I.B.C., 77-551 (45)**

**Trois-Rivières**
**Rue Bonaventure**
**Manoir de Niverville**
**Construit entre 1729 et 1761**
**et restauré en 1971**
**I.B.C., 75-225-10 (22)**

Le vieux cimetière protestant de Trois-Rivières a plus de deux siècles. On y trouve les restes de personnages historiques tel James Sinclair, porte-drapeau britannique au moment de la bataille des Plaines d'Abraham, qui a supporté le général Wolfe au moment de sa mort. Le cimetière devient également source de documentation historique; par exemple, une pierre tombale rappelle un désastre survenu sur le Saint-Maurice et dont on ne retrouve aucune autre mention ailleurs.

Le manoir de Niverville doit son nom au chevalier Joseph-Claude Boucher de Niverville, petit-fils de Pierre Boucher de Boucherville. Il épousa en 1757 Marie-Joseph Châtelain, fille et héritière de François Châtelain, seigneur des fiefs du Sablé, de Sainte-Marguerite et de La Potherie (nommé ensuite Niverville), premier propriétaire de cette maison en pierre. Celle-ci devrait, par conséquent, porter le nom de maison Châtelain.

Avant la restauration de la maison en 1971, on fit une recherche historique et un curetage de l'édifice. La première permit de retracer la chaîne des titres et la liste des actes notariés concernant les propriétaires et la maison étudiée; le second mit à jour les structures originales du bâtiment. Les documents historiques confrontés aux renseignements tirés du curetage permettent d'affirmer que la maison de pierre actuelle résulte d'un agrandissement et d'une transformation d'une maison en colombages. La charpente de cette première maison ainsi que des sections des anciens poteaux corniers furent retrouvés.

**Trois-Rivières**
**Angle des rues des Ursulines et Saint-Louis**
**Place d'Armes**
**Terre concédée en 1648 et 1650**
I.B.C., 77-672 (45)

**107**

La recherche historique nous apprend qu'une maison en colombages apparaît sur ce terrain entre 1649 et 1683 et qu'elle y est encore en 1729 lorsque François Châtelain l'acquiert de Marguerite Tourillon. Nous ignorons à quelle date précise ce dernier allongera le bâtiment en pierre et remplacera les murs de colombages par des murs de pierre, tout en conservant la charpente déjà en place. Celle-ci se trouve encore dans la vieille partie de la maison là où les lucarnes ont été faites très petites pour conserver les pièces de cette charpente, peut-être la plus ancienne au Québec.

La maison actuelle fut sûrement construite entre 1729 et 1761, année de la mort de François Châtelain, et probablement plus près de la première date que de la seconde puisque l'ancienne maison de colombages était qualifiée de «vieille» dans l'acte de vente de 1729. La maison fut restaurée en 1971 en se basant sur les résultats de curetage et sur la description de la maison trouvée dans l'inventaire de Marguerite Cardin, veuve François Châtelain, en 1767.

La Place d'Armes de Trois-Rivières fait partie d'une petit fief concédé en 1648 et 1650 à l'algonquin Charles Pachirini. Ce terrain, administré par les Jésuites de 1659 à 1699 leur sera officiellement concédé en 1699. Même si les Jésuites cèdent quelques lots à bâtir, une grande partie de ce terrain reste vacant et est utilisé par les Indiens pour y camper lors de leur séjour aux Trois-Rivières. Sur une carte datée de 1704, on voit, au centre de l'actuelle Place d'Armes, un bâtiment identifié «cabane à sauvages». Aux environs de 1751, on donne à cet espace non construit le nom de Place d'Armes qu'on lui connaît encore aujourd'hui.

**108**

**Trois-Rivières**
**864, rue des Ursulines**
**Manoir de Tonnancour**
**1723**
**1977**
I.B.C., 77-674 (45)     I.B.C., 77-576 (45)

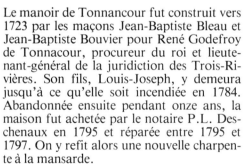

Le manoir de Tonnancour fut construit vers 1723 par les maçons Jean-Baptiste Bleau et Jean-Baptiste Bouvier pour René Godefroy de Tonnacour, procureur du roi et lieutenant-général de la juridiction des Trois-Rivières. Son fils, Louis-Joseph, y demeura jusqu'à ce qu'elle soit incendiée en 1784. Abandonnée ensuite pendant onze ans, la maison fut achetée par le notaire P.L. Deschenaux en 1795 et réparée entre 1795 et 1797. On y refit alors une nouvelle charpente à la mansarde.

En 1812, le gouvernement achète la maison et les autorités militaires la transforment en caserne pour officiers. En 1822, la paroisse des Trois-Rivières acquiert l'édifice, redresse ensuite la mansarde en façade, au cours du XIXième siècle, et utilise le bâtiment comme presbytère et palais épiscopal avant l'érection de l'évêché en 1882.

**Trois-Rivières**
**Rue des Ursulines**
**Maison de Gannes**
**1756**
**1964-1966**
I.B.C., 76-1428 (45)

**Trois-Rivières**
**Rue Notre-Dame**
**Maison Hertel de la Fresnière**
**Construite dans la**
**première moitié du XVIIIième siècle**
I.B.C., 77-560 (45)

**109**

La maison de Gannes fut construite en 1756 par Georges de Gannes, chevalier de l'Ordre de Saint-Louis, aide-major des troupes de la marine à Trois-Rivières. Il y vécut avec sa famille jusqu'à son départ pour la France à l'automne de 1761. Cette maison appartient de 1768 à 1772 aux enfants de Pierre-Olivier de Vézin, ancien maître de forge des Forges de Saint-Maurice, et de Marie-Joseph Duplessis. Des personnages divers y habitèrent tel le philanthrope Emery Jarry, marchand (1768-1776), le grand vicaire Saint-Onge (1776 à 1795), Thomas Coffin, député en 1810, et le magistrat excentrique Vallières de Saint-Réal (1829-1842).

Cette maison en pierre d'un étage et demi, construite dans la première moitié du XVIIIième siècle fut habitée par Joseph Hertel de la Fresnière et son épouse Antoinette Bouton. Cette maison à proximité du couvent des Ursulines contribue avec la maison de Gannes à conserver à ce coin des Trois-Rivières un petit air du régime français.

Saint-Narcisse
**Ancienne centrale hydro-électrique**
**1895-1897**
I.B.C., 75-214-6 (22)

**Grondines**
**Route nationale**
**Presbytère paroissial**
**1841**
I.B.C., 75-226-9 (22)

Cette centrale hydro-électrique fut construi-te entre 1895 et 1897 par John Sr Fregeau. En 1897, on put ainsi mettre en service entre Saint-Narcisse et Trois-Rivières la première ligne de transmission sous haute tension (12,000 volts) sur longue distance (17 1/2 milles) dans l'empire britannique.

L'usine, aujourd'hui aux deux tiers démolie, cessa de fonctionner en 1928. L'eau passait sous le bâtiment et une partie de ce dernier repose de ce fait sur des arches de pierre.

La façade du presbytère illustrée ci-haut fait face à l'église; ceci justifie l'importance qu'on lui a donnée en y mettant une grande lucarne portant un ordre classique avec entablement et fronton, et les boiseries de l'entrée principale. L'autre façade, identique à celle d'une maison ordinaire donne sur le fleuve.

**Deschambault**
**Rue Saint-Joseph**
**Église Saint-Joseph**
**1834-1837**
I.B.C., 75-212-9 (22)

**Deschambault**
**200, chemin du Roy**
**Maison de la veuve Groleau**
**XVIIIième siècle**
I.B.C., 75-276-5 (22)

**111**

L'église Saint-Joseph de Deschambault fut élevée entre 1834 et 1837 d'après les plans de Thomas Baillargé. La grande nef, flanquée à l'avant de deux tours carrées et à l'arrière de deux chapelles latérales à pans coupés, se termine par un choeur en hémicycle. André Paquet en fit la sculpture intérieure de 1839 à 1850. On attribue à Louis-Thomas Berlinguet la statue en bois de Saint-Joseph placée au-dessus de la façade de l'église.

Les Groleau habitaient Deschambault dès 1688. Nous ignorons quand l'ensemble actuel en forme de L fut érigé mais il appert que la construction a été faite en deux étapes: la nature de la pierre et les niveaux des planchers diffèrent entre le corps principal de la maison et son aile.

**Deschambault**
**Rue Saint-Joseph**
**Presbytère Saint-Joseph**
**1816**
**1956 à 1974**
I.B.C., C.77-1003-3 (35)

**112**

L'édifice que nous appelons aujourd'hui le vieux presbytère de Deschambault fut construit en 1816 par un entrepreneur des Grondines, Augustin Houde, sous les directives du curé Charles-Denis Denéchaud. Ce dernier occupait depuis 1795 le premier presbytère construit, entre 1730 et 1735, pour les besoins modestes du curé d'alors, M. Jean Ménage.

Homme élégant et riche, le curé Denéchaud voulait faire construire un nouveau presbytère plus grand, pouvant loger outre le curé et le vicaire, les vicaires dominicaux durant la fin de semaine, l'évêque et sa suite lors de leurs visites.

Le curé Denéchaud exigea que le nouveau presbytère soit fait à cinq pieds au nord-est de l'ancien, et exactement comme celui de la paroisse de Sainte-Famille. Nous ignorons s'il s'agit de Sainte-Famille de l'île d'Orléans ou Sainte-Famille de Cap-Santé.

Après à peine 56 ans de service, on déclare le presbytère impropre à loger le curé et un troisième presbytère sera construit. L'ancien servira de maison pour les employés de la Fabrique et de leurs familles et même d'école indépendante en 1895-1897. Abandonné en 1914, il ne servira plus que de fournil, grenier à dîmes et débarras jusqu'en 1954, année où un locataire l'occupe et l'entretient à ses frais. Depuis 1970, le «vieux presbytère» est redevenu un centre de la vie communautaire puisque plusieurs activités paroissiales y ont maintenant lieu.

**Deschambault**
**Route Nationale**
**Maison Delisle**
**XVIIIième siècle**
I.B.C., 75-211-4 (22)

**Deschambault**
**Moulin de la Chevrotière**
**1830**
I.B.C., 77-888 (45)

**113**

La famille Delisle possède les titres de la maison depuis son achat par leur ancêtre Augustin Delisle du major-général de l'armée française Paul Perrot, en 1764. Cette maison, selon le journal de J.-C. Panet aurait été pillée et incendiée par des soldats anglais lors du débarquement du 19 août 1759 à Deschambault.

Le moulin banal de la seigneurie de La Chevrotière, situé sur la rivière du même nom, fut érigé vers 1830. Le bâtiment, construit essentiellement pour loger un moulin à farine abrita également à partir de 1870 un moulin à carder. Plus tard, au XXième siècle, une partie de l'édifice sera même transformée en moulin à scie.

**Portneuf**
**Rue Notre-Dame**
**Calvaire du cimetière**
**Notre-Dame-de-Portneuf**
**1885**
I.B.C., 75-213-7 (22)

**Neuville**
**662, route 2**
**Maison Denis**
**1754-1760**
I.B.C., 77-047-5 (22)

Le Christ et les fleurs de lis, en bois poly chrome, furent sculptés vers 1885 par un artiste non identifié. Ce calvaire témoigne, par ses proportions, ses formes et le visage du Christ, de la grande maîtrise de l'artiste inconnu.

La maison Denis fut habitée pendant près de cent ans par trois générations de Denis. La maison en pierre (partie droite) construite entre 1754 et 1760 par Augustin Matte fut agrandie ultérieurement par une allonge en charpente. On y retrouve des éléments anciens très importants tels le four à pain en glaise et les contrevents. Les nombreuses lucarnes furent ajoutées au XXième siècle.

**Neuville**
**639, rue des Érables**
**Maison Bernard (maison Angers)**
**1806**
**1964 à 1969**
I.B.C., 76-736 (45)

**115**

Neuville
679, rue des Érables
Maison Labrie (maison Fiset)
1801
I.B.C., 75-199-18 (35)

Utilisant une dénivellation du terrain, la maison Labrie possède un étage en façade et deux à l'arrière. Bâtie en 1801, elle possédait, à l'origine, une cheminée centrale située dans le mur de refend. Cette maison a conservé, en outre, de beaux exemples de serrurerie et de menuiserie.

Le carré de maçonnerie de cette maison fut construit en 1806 par un nommé Louis Bernard. Bien adaptée à la dénivellation du terrain, elle possède un étage en façade et trois à l'arrière. Le toit à la mansarde avec croupes aurait été installé vers 1885 par un certain Pélardeau qui aurait, en outre, transformé ainsi plusieurs autres maisons de Neuville.

**116**

**Neuville**
**Choeur de l'église Saint-François-de-Sales**
**1696-1715**
**1954**
I.B.C., C-74-008 (45)

**Neuville**
**Chapelle Sainte-Anne**
**Restaurée en 1956**
I.B.C., 75-197-11 (22)

La nef de l'église de Neuville date de 1854 tandis que le choeur, appartenant déjà à l'église précédente, fut construit entre 1696 et 1715. Le baldaquin, en bois sculpté, commencé en 1762, sera terminé vers 1778 par François-Noël Levasseur tandis que François Baillargé exécute le maître-autel en 1800 et 1801. Voûte et retable sont l'oeuvre de François Normand, François Lafontaine et François Routier de 1826 à 1828.

La date de construction de la chapelle Sainte-Anne actuelle reste inconnue. Cependant, nous pouvons affirmer qu'une chapelle Sainte-Anne existait à Neuville dès le XVIIIième siècle puisque monseigneur Briand recommande aux fidèles, en 1778, de faire une procession à la chapelle Sainte-Anne conformément à la coutume établie au village depuis longtemps.

Neuville
20, route nationale 138
Maison Loriot (maison Jobin)
1768
I.B.C., 75-194-12 (22)

**117**

Cette maison fut construite en 1854, comme l'atteste un marché de construction, pour monsieur François-Xavier Larue. La maison, rectangulaire, en pierre, se prolonge à l'arrière par une cuisine d'été en bois et un four à pain; la chapelle du four déborde dans un appentis en pierre qui a pu servir de laiterie ou de garde-manger.

La maison fut construite à la fin du XVIIIième siècle, probablement en 1768-1769, par la famille Loriot. En plus de la maçonnerie des murs crépis, de l'angle aigu du toit, de la cheminée en moellons couronnée d'un cordon, deux autres faits attirent l'attention sur cette maison. D'abord, un surplomb fut ajouté au toit du côté de la route pour répondre à une mode et ensuite, les extrémités de trois pannes sont visibles sur chaque versant du toit, du côté du pignon ouest illustré ci-haut.

**118**

**Neuville**
**50, route 2**
**Maison Darveau**
**1785**
I.B.C., 75-191-13 (35)    I.B.C., 74-684 (45)

Une date écrite sur la clef en pierre taillée d'une fenêtre indique que la maison fut construite vers 1785. Rectangulaire comme la maison Soulard, elle s'en distingue pourtant par l'addition d'une laiterie adossée au mur arrière, au coin nord-est de la maison. À l'origine, le toit de la façade ne se prolongeait sûrement pas par un surplomb et il devait tomber sur les murs goutteraux. Alors que normalement dans les maisons rurales les foyers sont assez simples, celle-ci possède un foyer remarquable par sa mouluration.

**Neuville**
**7, route nationale 138**
**Maison Soulard**
**1759-1767**
I.B.C., 8414 D-3

Photo 1943

**Neuville**
**500, rue des Érables**
**Maison du seigneur Larue**
**1830**
I.B.C., 75-207-6A (35)

**119**

La maison Soulard, construite entre 1759 et 1767, par Pierre Loriot attire l'attention de tous les passants par l'angle très aigu de sa toiture et sa silhouette remarquable. Le toit ne déborde ni les murs gouttereaux ni les murs pignons. La cheminée centrale dont la souche est couronnée d'un cordon dessert un foyer double. Les Soulard habitent cette maison depuis 1836.

La famille Édouard Larue hérite de la seigneurie de Neuville en 1828. La grande maison bourgeoise en moellon calcaire, qui domine tout le village par sa position privilégiée, aurait été construite vers 1830.

Elle comporte un élément caractéristique de l'architecture française: les deux versants de son toit se terminent d'affleurement avec les murs pignons, sans débordement. Elle présente, d'autre part, plusieurs caractéristiques de la maison québécoise de Neuville: des ouvertures symétriques en façade au rez-de-chaussée, un solage surélevé, une charpente simple avec des fermes à chevrons et entraits et des cheminées dont les souches sont d'affleurement avec le nu du mur et en constituent le prolongement.

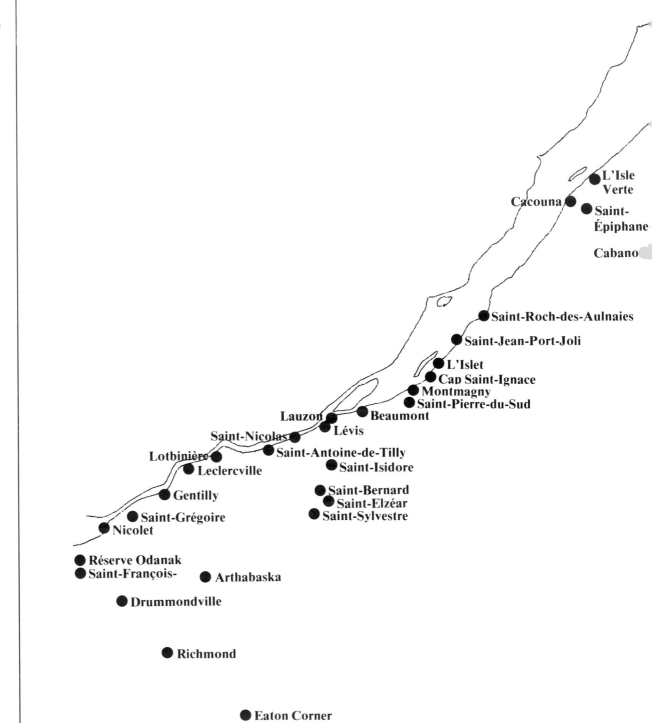

L'Isle
Verte

Cacouna

Saint-
Épiphane

Cabano

Saint-Roch-des-Aulnaies

Saint-Jean-Port-Joli

L'Islet
Cap Saint-Ignace
Montmagny
Saint-Pierre-du-Sud
Lauzon
Beaumont
Saint-Nicolas
Lévis
Lotbinière
Saint-Antoine-de-Tilly
Leclercville
Saint-Isidore
Gentilly
Saint-Bernard
Saint-Grégoire
Saint-Elzéar
Nicolet
Saint-Sylvestre

Réserve Odanak
Saint-François-
Arthabaska

Drummondville

Richmond

Eaton Corner

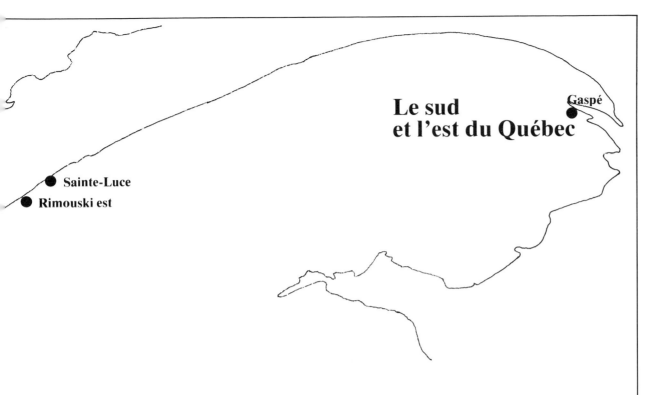

**Le sud
et l'est du Québec**

Gaspé

Sainte-Luce

Rimouski est

**Eaton Corner**
**Rue Principale**
**«Old Congregational Church»**
**1840**
I.B.C., 75-272-3 (22)

**Eaton Corner**
**Rue Principale**
**Hôtel-de-ville**
**1825**
I.B.C., 75-272-6 (22)

Construite en 1840 et consacrée en 1841 comme église Congrégationaliste, la vieille église d'Eaton Corner servit de lieu de culte jusque vers 1900. Plus tard, vers 1920, l'édifice redevint un temple pendant une dizaine d'années. Cette église rappelle par sa forme, la pente du toit, ses fenêtres et son clocher les premières églises de Nouvelle-Angleterre. Achetée en 1956 par la société d'histoire du musée du comté de Compton, la vieille église est maintenant utilisée comme musée ouvert au public.

Construit en 1825, cet édifice servit d'école jusqu'en 1880. Il fut également utilisé comme salle d'audience pour les juges de paix, de 1852 à 1872. Depuis, il fut transformé en salle de réunion pour le conseil municipal d'Eaton Corner. Actuellement, le soussol et le deuxième étage servent d'annexe au musée situé dans l'ancienne église. L'architecture de ce bâtiment est très caractéristique de l'architecture de la Nouvelle-Angleterre.

**Richmond**
**Rang 8**
**Moulin Denison**
**ca 1850**
**1975-1976**
I.B.C., C.77-1004-19 (35)     I.B.C., C.77-1004-15 (35)          **123**

Ce moulin à eau fut construit vers 1850 pour Siméon Denison. Il s'agit d'un bâtiment dont le toit est recouvert d'ardoise et les murs en charpente claire sont remplis de briques. On y a conservé intact tout son mécanisme de meunerie.

**124**

Construit vers 1860, cet édifice servit jusqu'en 1969 de bureau d'enregistrement desservant le comté de Richmond et de cour pour les causes mineures concernant ce même comté.

Cette architecture simple de brique, typique de la région, est complétée, ici, par une décoration d'inspiration classique.

Ce moulin fut construit en 1868 dans le but de carder et de tisser la laine. Il cessa de fonctionner vers 1945.

C'est une construction assez imposante, en bois, recouverte de bardeau, installée sur des fondations de pierre des champs.

**Drummondville**
**Parc des Voltigeurs**
**Maison Trent**
**1825, 1838**
**Restaurée dans les années 1970**
I.B.C., 75-267-5 (22)

**Saint-François-du-Lac**
**Maison Courchesne**
**ca 1812**
I.B.C., 75-266-9 (22)

**125**

La maison Trent, située dans le Parc des Voltigeurs, fut construite en deux étapes. Henry Menut, marchand à Drummondville, érigea d'abord vers 1825 la plus petite partie de la maison. Georges Norris Trent «gentleman-farmer» fit construire par la suite la grande maison en prolongement de la première. Vers 1860, il fait ajouter fenêtres et lucarnes à la vieille maison occupée par ses employés. Notons le grand nombre d'ouvertures du côté de la rivière (côté sud) par rapport à celui des bois (côté nord), où il n'y a qu'un total de six ouvertures. La cheminée en saillie sur le mur est un trait architectural typiquement anglais et anglo-américain.

Joseph Courchesne fit construire cette maison en pierre vers 1812. Une légende concernant ce personnage circule dans la région. Patriote et chef de bataillon en 1837, il fut pourchassé par les forces de l'Ordre. Ayant eu le temps de se cacher dans la cave de sa maison avant l'entrée des policiers, il resta tapi jusqu'à leur départ et gagna par la suite la ville des Trois-Rivières en patins de bois en suivant la rivière Saint-François et en traversant le lac Saint-Pierre.

Édifiée d'après les plans de Thomas Baillargé, par Alexis Millette et Jean-Baptiste Hébert, l'église rappelle, à la demande formelle du curé de l'époque, l'église de Sorel. La décoration intérieure fut confiée à Alexis et Michel Millette (1847-1861) et à Thomas Allard (1856-1861). En 1885, l'exécution de nouveaux travaux à la voûte et la construction d'un second jubé d'après les plans de L.-Z. Gauthier complètent les travaux intérieurs.

**Odanak**
**Domaine Gill**
**XIXième siècle**
I.B.C., 75-394-33 (35)

**Saint-Grégoire**
**Moulin à vent**
**ca 1785**
I.B.C., 75-245-9 (22)

Le domaine Gill est situé aux limites nord-ouest de la réserve des Indiens Abénakis d'Odanak. La maison de briques rouges, construite en 1854 pour le marchand Ignace Gill, constitue un bel exemple d'architecture québécoise du milieu du XIXième siècle.

Outre cette maison, le domaine Gill comprend sept bâtiments; la cuisine d'été et le magasin général datent d'avant 1830; l'entrepôt, la remise et l'écurie auraient été construits vers 1845; le bureau du juge Charles-Ignace Gill fut bâti dans la deuxième moitié du XIXième siècle tandis que l'atelier du peintre Charles Gill le fut à la fin du même siècle.

Ce moulin aurait été construit, semble-t-il vers 1785. Actuellement vide, sans mécanisme, il ne reste que la maçonnerie d'origine.

**128**

**Nicolet**
**350, rue d'Youville**
**Ancien séminaire**
**1827 à 1833**
I.B.C., 75-244-5 (22)      I.B.C., 7990 B-1

L'ancien Séminaire de Nicolet fut construit
de 1827 à 1833 sous la direction de l'entrepreneur Jean-Baptiste Hébert d'après les
plans de l'abbé Jérôme Demers, supérieur
du Séminaire de Québec. Fondé dès 1803,
il fut le premier petit séminaire à l'extérieur des villes de Montréal ou Québec. La
moitié de l'immense édifice en forme de H,
occupé par l'Institut de police fut incendiée en 1973. Une photo prise vers 1874
et conservée au Séminaire de Québec montre ce bâtiment à l'architecture simple et classique renommé à l'époque pour son intérieur fonctionnel.

**Aylmer**
**Hôtel Symmes**
**Aquarelle de William Henry Bartlett**
A.P.C.
voir page 10.

**A**

**Montréal**
**Mount Stephen Club**
I.B.C., C.75.016 (45)
voir page 52.

**B**

**Verchères**
**Moulin Dansereau**
I.B.C., C.77.285 (45)
voir page 83.

**Chambly**
**Église Saint-Stephen**
I.B.C., C.77.282 (45)
voir page 94.

**C**

**Trois-Rivières**
**Aquarelle de James Peachy**
A.P.C.
voir page 105.

**D**

**Neuville**
**Choeur de l'église**
I.B.C., C.74.008 (45)
voir page 116.

**Richmond**
**Moulin Denison**
I.B.C., C.77.1004.19 (35)
voir page 123.

I.B.C., C.77.1004.15 (35)

**E**

**Gaspé**
**Maison LeBouthillier**
I.B.C., C.75.011 (45)
voir page 151.

**Québec**
**Maison Bégin**
**Aquarelle de James Patterson Cockburn**
R.O.M.
voir page 166.

F

**Québec**
**Maison Jacquet**
I.B.C., C.77.398 (45)
voir page 177.

**Saint-Joachim**
**Presbytère**
I.B.C., C.77.378 (45)
voir page 212.

**Île-aux-Coudres**
**Chapelle de procession**
I.B.C., C.77.015.1 (22)
voir page 215.

H

Commencée en 1803, l'église fut bénie en 1806. Élargie en 1850 par l'architecte Augustin Leblanc, elle perdit alors sa forme primitive de croix latine. La décoration de ce nouvel édifice fut confiée à Urbain Brien dit Desrochers qui y réalisa de belles sculptures décoratives et des bas-reliefs. Le retable, acheté en 1812, provient de l'ancienne chapelle des Récollets à Montréal et aurait été sculpté par Jean-Jacques Leblond en 1713. Le tabernacle pourrait également venir de la même chapelle et aurait été exécuté par Charles Chabouillez.

**Arthabaska**
**846, boulevard Bois-Francs Sud**
**Maison Suzor-Côté**
**1851**
**Restaurée en 1950, 1955 et 1974**
I.B.C., 76-823 (45)

**Gentilly**
**Église Saint-Édouard**
**1845-1849, 1904**
I.B.C., 75-962 (45)

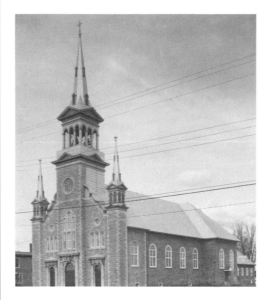

La maison natale de Marc-Aurèle Suzor-Côté fut construite en 1851 par Théophile Côté, père de l'artiste peintre-sculpteur. L'édifice présente un intérêt architectural par son type de construction en briques; ce fut paraît-il, l'une des premières maisons de briques rouges dans les Cantons de l'Est. Suzor-Côté est né à Arthabaska en 1869, décédé à Daytona Beach en Floride en 1937 et inhumé à Arthabaska.

La deuxième église de Gentilly fut édifiée de 1845 à 1849. Les travaux de décoration intérieure seront accomplis de 1857 à 1862 et de 1868 à 1872 par Raphaël Giroux. En 1904, l'église change de visage sous l'action de l'architecte Louis Caron: l'église allongée de quelques pieds, acquiert une nouvelle façade en pierre et un nouveau clocher.

**Leclercville**
**Moulin du Portage**
**1817**
I.B.C., 75-234-4 (22)

**Lotbinière**
**Route 132**
**Maison Chavigny de la Chevrotière**
**1817**
**1964**
I.B.C., 75-976 (45)

**131**

Ce moulin de pierre, à toit à deux croupes, est situé à environ quatre milles au nord de Leclercville. Situé dans la boucle d'un méandre, le moulin était alimenté par un canal qui amenait l'eau d'un bras à l'autre.

Il fut construit en 1817 sous l'instigation du seigneur de Lotbinière et sous la surveillance de Legendre, intendant du seigneur, à la suite de la constatation du rendement insuffisant du moulin du Domaine dû à la trop faible quantité d'eau qui l'alimentait.

Bien que ne possédant plus aucun de ses mécanismes, ce bâtiment, grâce à ses proportions harmonieuses et à la beauté de son environnement, reste un des plus beaux moulins du Québec.

D'après Pierre-Georges Roy, cette maison monumentale fut construite par le notaire Ambroise Chavigny de la Chevrotière, en 1817. Cet édifice servit également d'école lorsque le notaire Thomas Bédard donna des cours de latin pour préparer les garçons qui voulaient aller étudier au petit séminaire de Québec.

**Lotbinière**
**Route 132**
**Église Saint-Louis, 1818-1888**
**Chapelle de procession 1834**
**Restaurées en 1952 et 1953**
I.B.C., 75-273-21 (35)          I.B.C., 75-233-5 (22)

L'église à chevet plat fut commencée en 1818 et réalisée par le maître-maçon Jean-Baptiste Hébert. Les deux tours de la façade résultent de l'initiative de l'abbé Jean, curé de la paroisse. La sacristie originale, brûlée en 1850, fut remplacée en 1852 par le bâtiment actuel auquel le charpentier Amable Paré fit un clocher. La décoration intérieure sera confiée à Thomas Baillargé et André Paquet entre 1824 et 1846. En 1888, l'architecte David Ouellet refait la façade, dessine de nouveaux clochers, pose sur le fronton une statue de saint Louis exécutée par Louis Jobin. Une chapelle de procession en pierre, à chevet plat, se trouve à proximité de l'église. Une inscription sur une pierre (1834) nous renseigne sur son âge.

**Lotbinière**
**Route 132**
**Maison Pagé**
**Restaurée en 1968 et 1969**
**I.B.C., 76-010-12 (22)**

**Lotbinière**
**Route 132**
**Moulin du Domaine**
**1799**
**1975**
**I.B.C., 75-232-12 (22)**

**133**

Cette maison rurale présente une caractéristique urbaine: les murs coupe-feu. Ceux-ci sont normalement destinés, en ville, à empêcher le feu de passer d'une couverture à l'autre. C'est ici un exemple de mimétisme de la campagne sur la ville.

Construit en 1799, comme en témoignent à la fois une pierre angulaire et l'inventaire du seigneur Michel-Eustache Chartier de Lotbinière, ce moulin a remplacé un premier moulin construit en 1769.

Actuellement le bâtiment se trouve dans un excellent état de conservation mais il a perdu son caractère original.

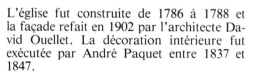

L'église fut construite de 1786 à 1788 et
la façade refait en 1902 par l'architecte David Ouellet. La décoration intérieure fut
exécutée par André Paquet entre 1837 et
1847.

L'église Saint-Elzéar fut construite entre 1852 et 1854 dans le style traditionnel du XIXième siècle selon les plans de Thomas Baillargé. La décoration intérieure fut exécutée de 1855 à 1860 par Léandre Parent à l'exception du retable réalisé par Ferdinand Villeneuve en 1893-1894. La même année, on refait le clocher et en 1912, trois contreforts seront ajoutés de chaque côté pour contrebalancer la pression exercée par la charpente sur les murs gouttereaux par suite de la défection d'un pilier du clocher.

**136**

**Saint-Bernard
Église et Presbytère
1871-1873, 1866
I.B.C., 75-237-13 (22)**

I.B.C., 76-717 (45)
I.B.C., 75-237-2 (22)

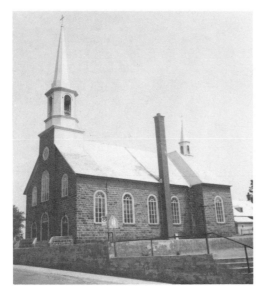

L'église et le presbytère sont tous deux construits en pierres de carrière équarries. L'église fut érigée par les entrepreneurs Fortier selon les plans, dit-on, du curé de Saint-Anselme-de-Lauzon, Monsieur C.-E. Poiré. La sculpture ornementale fut réalisée par Louis Dion selon le devis de l'architecte Jos. F. Peachy entre 1875 et 1878. L'église n'a subi aucune modification majeure depuis sa construction si ce n'est le remplacement du perron de madriers par le perron actuel.

Saint-Isidore
Église Saint-Isidore
1854
I.B.C., 75-236-2 (22)

I.B.C., 76-718 (45)

**137**

L'église fut érigée en 1854, comme l'indique une inscription sur la façade, par le maître-maçon Jean-Baptiste Guillot d'après les plans de l'architecte Michel Patry. L'importance du clocher est soulignée par l'adjonction d'une tour de faible saillie en façade. Jean-Baptiste Saint-Michel et Louis Patry firent les ouvrages de menuiserie et de sculpture dans la tradition des Baillargé.

**138**

Saint-Nicolas
Chapelle de procession
Construite ca 1845 et
restaurée dans les années 1960
I.B.C., 75-243-13 (22)

Saint-Sylvestre fait partie de la seigneurie de Saint-Gilles ou Beaurivage concédée à Gilles Rageot en 1738. Toutefois, ce ne sera que vers 1829 que le peuplement s'étendra jusqu'à Saint-Sylvestre à la suite de la construction de la route Craig entre Québec et Boston. Les nouveaux émigrants venaient des paroisses plus anciennes, des Cantons de l'Est et de l'armée anglaise. C'est ainsi qu'une population anglophone protestante s'était installée à Saint-Sylvestre; les premiers colons y avaient alors ouvert le cimetière classé aujourd'hui site historique. Par suite d'une forte émigration vers les États-Unis et les autres régions du Canada, la population anglophone protestante a déserté le village de sorte que le cimetière reste un témoignage de son établissement passé.

Cette chapelle en pierre, crépie à la chaux, fut construite vers 1845. Une deuxième chapelle jadis située à l'autre extrémité du village fut transportée aux Éboulements.

**Lévis**
**229, rue Saint-Laurent**
**Maison Louis Fréchette**
**ca 1838**
**I.B.C., 74-320-20 (35)**

**Lauzon**
**302, rue Saint-Joseph**
**Ancien hôtel-de-ville**
**Fin XIXième siècle**
**I.B.C., 75-524 (45)**

La maison natale du poète Louis Honoré Fréchette était située à proximité du chantier de bois de la ferme William Chapman & Co, au pied de la falaise à Lévis. C'est dans cette maison en bois construite vers 1838 que le poète vécut ses premières années.

D'abord avocat dans la région Québec-Lévis, il était également connu comme journaliste, politicien et poète; il eut un bureau d'avocat sur la côte du Passage à Lévis et fut député libéral de la circonscription de Lévis à la Chambre des Communes en 1874. Il se fixe à Montréal, en 1877, après son mariage avec Emma Beaudry, fille du fondateur de la banque Jacques Cartier, la future Banque Provinciale.

Ce bâtiment date de la fin du XIXième siècle. Il servit tour à tour d'école, de salon funéraire, d'épicerie et d'hôtel de ville.

**Beaumont**
**Route nationale no 2**
**Maison Roy (maison Trudel)**
**ca 1720**
**1970**
I.B.C., 75-230-2 (22)

**Saint-Pierre-du-Sud**
**Église Saint-Pierre-du-Sud**
**1784**
**1972**
I.B.C., 75-230-12 (22)

Cette maison en pièces sur pièces recouvertes de planches verticales à l'extérieur était déjà occupée en 1723 par un nommé Le Roy. À noter, la faible inclinaison de la croupe du toit.

L'église Saint-Pierre-du-Sud fut construite en 1784-1785; l'intérieur fut peu à peu décoré dans la première moitié du XIXième siècle. En 1868, on confie à Pierre-Stanislas Vallée la construction et la décoration d'une nouvelle voûte. L'extérieur subit également des modifications; le clocher fut refait par Thomas Baillargé en 1839 et les croisillons tranformés en 1897 par Georges-Émile Tanguay. Une restauration récente a rendu à la façade son aspect original perdu au cours du XIXième siècle.

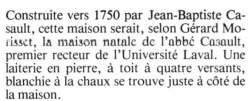

Construite vers 1750 par Jean-Baptiste Casault, cette maison serait, selon Gérard Morisset, la maison natale de l'abbé Casault, premier recteur de l'Université Laval. Une laiterie en pierre, à toit à quatre versants, blanchie à la chaux se trouve juste à côté de la maison.

**Montmagny
Manoir Couillard-Dupuis
et son four à pain
ca 1789
1967-1969
I.B.C., 6611-12 A3**

**142**

I.B.C., 75-231-12 (22)
I.B.C., 75-229-5 (22)

Le manoir et le four à pain furent édifiés par Jean-Baptiste Couillard-Dupuis, seigneur de la Rivière-du-Sud et du fief de Lespinay. La vaste maison de 60 pieds par 33 pieds est faite en bois recouvert de planches horizontales à déclin. Une photo ancienne montre cette maison au début du siècle; elle sert maintenant de centre culturel. Le four à pain se caractérise par sa hotte en pierre située à l'avant, au-dessus de la porte du four; ce dernier faisait jadis partie d'un bâtiment aujourd'hui disparu.

**Montmagny**
**6-8, rue Sainte-Marie**
**Maison Étienne-Pascal Taché**
**ca 1759 et ca 1830**
**I.B.C., 75-286-9 (22)**

**Cap Saint-Ignace**
**Manoir Gamache**
**1744**
**I.B.C., 75-243-3 (22)**

**143**

La maison Taché porte le nom du célèbre homme d'État, premier ministre du Bas-Canada à deux reprises, qui l'a habité de 1820 jusqu'à sa mort en 1865. Cette maison aurait été construite par Nicolas Boisseau en 1759 et transformée au XIXième siècle par Sir Étienne-Pascal Taché.

Le nom du manoir bâti en 1744 rappelle l'un des deux premiers seigneurs, Gamache et Belle-Avance, à qui le gouverneur Frontenac concéda, en 1672, une seigneurie partagée en 1689 entre le fief Gagnier ou La Fresnaye et le fief Gamache ou l'Islet. Cette maison en pierre dont l'entrée principale ne donne pas sur le chemin public a gardé son style d'origine, exception faite de l'aile qui fut ajoutée plus tard.

**144**

**Cap Saint-Ignace**
**Moulin Vincelotte**
**Construit au XVIIIième siècle et**
**réparé entre 1955 et 1960**
**I.B.C., 75-243-7 (22)**

**L'Islet**
**Salle des Habitants**
**1827**
**1956**
**I.B.C., 75-241-11 (22)**

D'après Pierre-Georges Roy, ce moulin aurait été construit au début du XVIIIième
siècle par Charles-Joseph Amyot de Vincelotte, fils de Geneviève de Chavigny à qui la
seigneurie de Vincelotte fut concédée par
l'intendant Talon en 1672.

À l'exception des murs de pierre, ce moulin
s'est dégradé et il n'y subsiste rien ni du
mécanisme, ni des ailes.

Cet édifice en bois, utilisé comme salle paroissiale, fut construit vers 1827. La maison
fut déménagée et restaurée en 1956.

L'église de l'Islet fut construite en 1768. En 1830, elle est agrandie de quarante pieds et atteint ainsi ses dimensions actuelles; la façade carrée et massive de même que les deux tours en saillie datent de cette période. À la même époque, Jean-Olivier Leclerc construit le clocher sur l'abside. En 1884, la façade est retouchée et deux nouveaux clochers sont greffés au sommet des tours.

Un livre de comptes nous apprend que la sacristie fut construite vers 1840; d'autre part, la chapelle de la Congrégation et de la Sainte Famille, d'une soixantaine de pieds, attenante à la nef du côté du fleuve, a été élevée entre 1853 et 1857 par l'entrepreneur Jean-Olivier Leclerc.

L'intérieur de l'église de l'Islet constitue un véritable chef-d'oeuvre façonné par de nombreux sculpteurs au cours des âges.

Le retable du maître-autel et les sculptures du sanctuaire furent exécutés par les Baillargé, Jean et Pierre-Florent, de 1782 à 1792. François Baillargé sculpta les statues de saint Modeste et saint Abbondance situées dans le choeur, en 1786. Le sculpteur Henri Caron refit en 1968 à l'occasion du bicentenaire de l'église le pannelage inférieur du retable du choeur disparu en 1924.

En 1815, Amable Charron exécute l'ornementation des murs des deux autels latéraux et sculpte les corniches de la nef. En 1822, Jean-Olivier Leclerc sculpte le trône curial et en 1827 François Lemieux réalise le tombeau du maître-autel qu'on jumelle avec le tabernacle de Noël Levasseur exécuté de 1728 à 1730 pour la première église. En 1870, François-Xavier Berlinguet travaille à la voûte à caissons de l'église.

Ces sculptures sont complétées par des tableaux anciens. Le tableau de l'Annonciation, au dessus du maître-autel date de 1776 et est l'oeuvre de l'abbé Jean-Antoine Aide-Créquy, curé de Baie Saint-Paul. Quant aux tableaux du Sacré-Coeur et du Christ prêcheur au-dessus des autels latéraux, ils furent peints par Louis Dulongpré vers 1810.

**146**

Saint-Jean-Port-Joli
Église Saint-Jean-Port-Joli
ca 1779, 1815, 1876
I.B.C., 6048 A-1 F.M. 1944
I.B.C., 76-447 (45)

Saint-Roch-des-Aulnaies
Manoir Dionne (manoir Grande-Anse ou
manoir Deschênes)
Trianon et hangar
1850-1853
Manoir restauré en 1975
I.B.C., 75-239-5 (22)

Construite vers 1779, l'église fut agrandie à deux reprises: d'abord par la façade en 1815 (probablement par Jean et Thomas Baillargé) et ensuite par la sacristie en 1876. L'intérieur doit sa beauté aux artistes de trois siècles différents: Jean et Pierre-Florent Baillargé réalisent le retable entre 1794 et 1797, Chrysostome Perrault et Amable Charron décorent la voûte entre 1816 et 1839, Médard et Jean-Julien Bourgault sculptent la chaire en 1932.

Trois grandes familles dominent l'histoire de la seigneurie de Grande-Anse ou de Saint-Roch-des-Aulnaies, et de ses manoirs: les Juchereau de 1656 à 1833, les Dionne de 1833 à 1894 et les Miville-Deschênes de 1894 à 1963.

Le manoir actuel érigé à la demande de Monsieur Amable Dionne, marchand général de Kamouraska, est le troisième manoir élevé sur cette seigneurie. Il fut construit par des menuisiers de Saint-Roch-des-Aulnaies, entre 1850 et 1853, d'après les plans de l'architecte Charles Baillargé.

Le domaine couvre une superficie de 15 âcres. Le seigneur Amable-Pascal Dionne apporta beaucoup de soins à son aménagement paysager; pelouses, parterres, arbres fruitiers et d'ornementation provoquaient l'admiration de tous les visiteurs. Les eaux de la rivière Ferrée furent partiellement détournées pour alimenter un vaste bassin au milieu du jardin. Le Trianon, petit pavillon élevé dans le parc, fut probablement construit en même temps que le manoir comme

le révèle la similitude de la finition extérieure. Un hangar revêtu de planches verticales complète l'ensemble des anciens bâtiments du domaine. Le jardin d'apparat, d'esprit français, a été refait récemment selon les anciens tracés.

Les fondations en pierre du manoir sont recouvertes à l'extérieur d'un revêtement de bois simulant la pierre de taille. Les murs de l'édifice sont faits de pièces de 3 pouces par 10 pouces clouées les unes sur les autres, dont les joints sont calfeutrés à l'étoupe. À l'extérieur, ces pièces sont revêtues de planches. À l'intérieur, un enduit est posé sur des lattes posées en diagonale.

Ce manoir ressemble à une petite maison de l'époque, particulièrement décorée, et dont les dimensions auraient été gonflées à l'extrême. Il se distingue par la décoration de la porte et des fenêtres dans un esprit classique, par la galerie qui fait tout le tour du bâtiment et par l'adjonction de tourelles octogonales qui lui donnent une note particulière.

La décoration intérieure illustre bien le goût de l'époque et révèle de la fine menuiserie telle l'escalier, les portes, les plinthes, les huisseries et les corniches. Lors de la restauration du manoir en 1975, on a retrouvé des papiers peints et des traces de peinture remontant à la construction du bâtiment.

Maintenant propriété de la municipalité de Saint-Roch-des-Aulnaies, le manoir sert à différentes activités et est ouvert aux visiteurs.

**148**

**Cabano**
**Fort Ingall**
**1839-1842**
**en reconstruction depuis 1973**
**I.B.C., 77-1639-7A (35)**

**Saint-Épiphane**
**Premier rang**
**Four à pain**
**ca 1910**
**M.A.E.Q.**

Le fort Ingall fut bâti en 1839-1842 au moment des conflits frontaliers qui opposaient l'état du Maine et le Nouveau-Brunswick. Il constituait l'élément essentiel d'un réseau de défense comprenant d'autres forts à Dégelis et à Rivière-du-Loup, visant à freiner une éventuelle invasion américaine du Bas-Canada par la vallée du Témiscouata. Avec la signature du traité d'Ashburton qui mit fin au conflit en 1842, le fort Ingall connut un rapide déclin. Onze bâtiments avaient été construits à l'intérieur de la palissade entre 1839 et 1842. La palissade, les deux casernes des soldats, la caserne des officiers et le corps de garde ont été reconstitués jusqu'à présent.

Ce four d'argile fut construit vers 1910 par Louis-Léon Dion «faiseur» de four et cultivateur de Saint-Épiphane. Il est un des derniers fours de ce genre encore en bon état de conservation dans l'Est du Québec. Le four, dont le fond est en briques juxtaposées et la voûte ou chapelle, en glaise, repose sur des lambourdes de bois. Un toit en bardeau recouvre le tout.

**Cacouna**
**Église Saint-Georges et**
**Presbytère**
**1845 - 1848, 1891**
**1835**
I.B.C., 75-463 (45)
I.B.C., 75-464 (45)

**L'Isle-Verte**
**Moulin Lagacé**
**1823**
I.B.C., 75-451 (45)

Ce moulin de pierre, appelé aussi «Moulin du petit sault», fut construit en 1823, à la place du vieux moulin banal. Il servira comme moulin banal jusqu'à l'abolition du régime seigneurial en 1854. Le bâtiment comprenait deux parties: le moulin proprement dit et l'habitation du meunier.

L'architecte Louis-Thomas Berlinguet dessina les plans de l'église construite de 1845 à 1848. Ces premiers travaux furent complétés en 1891 par l'addition d'un perron en pierre et d'un clocheton au-dessus du choeur de l'église. Le presbytère, plus ancien, fut élevé par Germain Petit dit Saint-Pierre en 1835.

**150**

**Rimouski-est**
**Boulevard Saint-Germain**
**Maison Lamontagne**
**ca 1750**
I.B.C., 75-346-6 (45)

La technique utilisée pour la construction de cette maison, appelée technique du «colombage pierroté», a connu une certaine popularité au XVIIième et au début du XVIIIième siècles. Elle fut, par la suite, peu à peu abandonnée.

La maison Lamontagne aurait été construite après 1744 pour Marie-Agnès Lepage, fille de Pierre Lepage seigneur de Rimouski et de Saint-Barnabé. En effet, le seigneur donne cette terre à sa fille lors de son mariage avec Basile Côté en 1744. Nous supposons que la maison fut édifiée peu de temps après cette date.

La structure de «colombage pierroté» se compose de pièces de bois équarries verticales, disposées à intervalles (8 pouces), entre lesquelles se trouve une composition de petites pierres noyées dans un mortier de glaise; l'intérieur est ensuite enduit. Dans les autres cas connus, la structure de colombages repose sur un mur de maçonnerie; les fondations de la maison Lamontagne, par contre, sont composées de poutres de bois équarries et empilées.

Seules quelques autres constructions de «colombage pierroté» sont connues en Amérique du Nord: la maison Bolduc à Sainte-Geneviève, Missouri, la maison Saucier, à Cahokia, Illinois, la maison Pichet à Sainte-Famille, île d'Orléans et la maison du Pressoir au Sault-au-Récollet sur l'île de Montréal.

La maison Lamontagne a subi quelques modifications au cours des ans. Un examen de la charpente et des murs a permis d'établir que la maison originale ne constitue que les deux tiers de la maison actuelle; la section plus récente est composée de poteaux sur sole.

L'intérieur conserve des vestiges qui semblent remonter au XVIIIième siècle (cloisons, cage d'escalier, porte intérieure vitrée et enduit) et au XIXième siècle (moulures et finitions de plafond).

Cette maison a une importance régionale très grande puisqu'elle s'impose comme étant la maison la plus ancienne connue dans le Bas du fleuve. Elle fut acquise par le Ministère des Affaires culturelles qui a pris en main sa conservation et sa mise en valeur.

**Sainte-Luce**
**Église Sainte-Luce**
**1838 - 1840, 1914**
I.B.C., 74-964 (45)

Gaspé (L'Anse-aux-Griffons)
Boulevard Perron
Maison Le Bouthillier
1818
I.B.C., 75-349 (45)

**151**

Construite en 1838-1840 d'après les plans de l'architecte Thomas Baillargé, l'église fut allongée en 1914 lors de l'élévation de la nouvelle façade par les architectes David Ouellet et Pierre Lévesque. La sculpture intérieure fut réalisée par André Paquet de 1845 à 1850.

Construite en 1818, cette maison servit de résidence d'été à John Le Bouthillier, riche marchand de Gaspé, député de la Gaspésie pendant une trentaine d'années entre 1833 et 1867. Cette maison se caractérise par ce qu'on appelle fréquemment des «larmiers cintrés». Ce mode de raccordement des murs et du toit se retrouve assez fréquemment dans les régions à climat maritime.

# Sillery

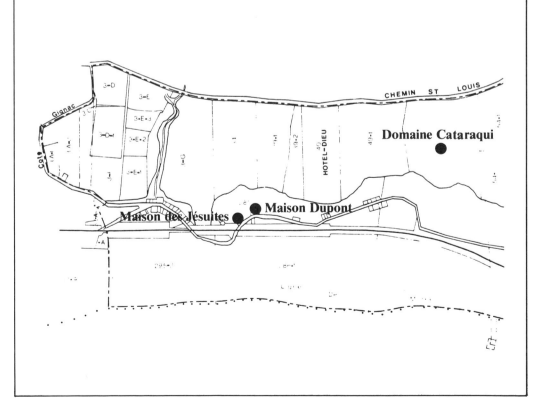

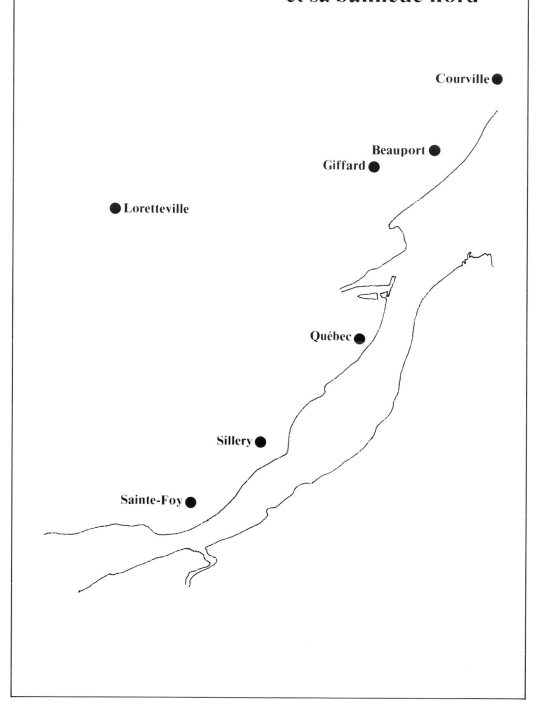

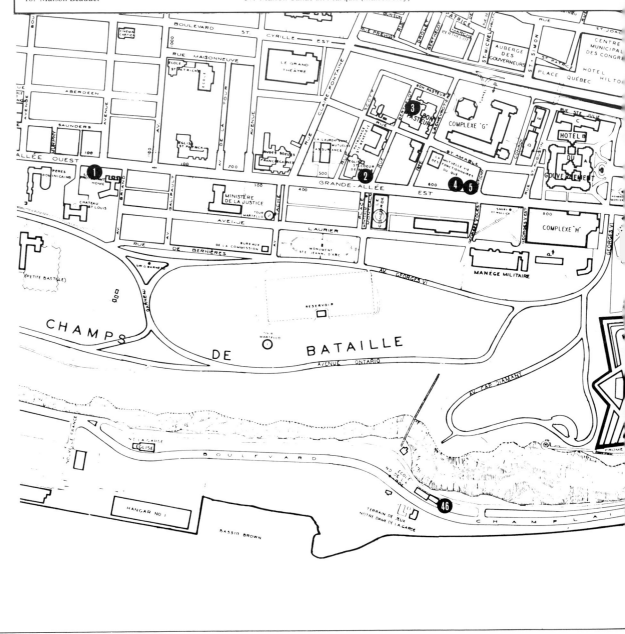

**Loretteville**
**Chapelle huronne**
**Notre-Dame-de-Loretteville**
**Construite en 1730 et 1863**
**Restaurée entre 1955 et 1971**
I.B.C., 75-847 (45)

**Loretteville**
**170, rue Giroux**
**Maison Savard**
**ca 1760 et ca 1825**
I.B.C., 77-589 (45)

La chapelle des Hurons à la Jeune-Lorette fut construite en 1730 sous l'instigation du Père Richer, jésuite missionnaire au village huron. L'édifice fut partiellement détruit dans l'incendie du 10 octobre 1862; boiseries, toit et clocher furent ensuite reconstruits sur les murs de 1730 restés debout. Tous les trésors de la chapelle, (sculpture, peinture, orfèvrerie) exposés aujourd'hui dans la sacristie, purent heureusement être sauvés du désastre. À la fin du XIXième siècle, on ajoute une petite chapelle du côté nord et on agrandit la sacristie.

La maison Savard fut construite en deux parties: la plus ancienne, à droite de la cheminée, avant 1762 et la plus récente, à gauche, entre 1800 et 1850. Construite en pièces équarries à tenons en coulisse sur fondations de pierre, la maison Savard a conservé une charpente très belle de forme classique et des pièces remarquables de menuiserie et de ferronnerie forgée.

**Ancienne-Lorette**
**Calvaire du cimetière de**
**Notre-Dame-de-l'Annonciation**
**1894**
**1965**
I.B.C., 76-740 (45)

**Sainte-Foy**
**3329, rue Rochambeau**
**Maison Routhier**
**1705 et 1720**
**1960**
I.B.C., 77-586 (45)

**157**

Le calvaire, entièrement construit en bois, fut édifié en 1894 par M. Pierre Bédard de l'Ancienne-Lorette. La même année, Louis Jobin sculpte le Christ en bois que l'on voit encore aujourd'hui dans le cimetière paroissial. En 1902, la Fabrique commandera au célèbre sculpteur de calvaire deux nouvelles statues: la sainte Vierge et saint Jean.

Jean Routhier fait construire en 1705 une petite maison en pièces sur pièces avec toit en pavillon (partie sud-ouest de la maison à gauche). Père de 18 enfants, il doit, en 1720, agrandir sa maison. À noter que la seule porte donne du côté du sud-est et non pas sur le chemin Sainte-Foy. Lors de la restauration de la maison, on a reconstruit le fournil extérieur en se basant sur une photo des années 1890. Adolphe-Basile Routhier co-auteur de l'hymne «O Canada» y aurait séjourné. La maison est maintenant utilisée par le Service des Loisirs de la ville de Sainte-Foy.

**Sillery**
**2141, chemin Saint-Louis**
**Domaine Cataraqui**
**1850-1866**
I.B.C., 76-751 (45)

**158**

**Sillery**
**2320, chemin des Foulons**
**Maison des Jésuites**
**Construite entre 1702 et 1733**
**Restaurée entre 1962 et 1974**
I.B.C., 75-178-11 (22)

Cataraqui constitue un exemple d'un grand domaine bourgeois du XIXième siècle dans une banlieue à caractère campagnard de la ville de Québec. La construction et la transformation des bâtiments s'échelonnèrent de 1850 à 1866, d'après les plans de l'architecte Edward Staveley, par les trois propriétaires de cette période: Henry Burstall (1850-1860), le gouvernement du Bas-Canada (1860-1863) et Charles E. Levey (1863-1866). Le peintre Henry Percyval Tudor-Hart y vécut avec son épouse Catherine Rhodes, propriétaire de Cataraqui de 1932 à 1972.

Cette maison fut construite par les Pères Jésuites dans le premier quart du XVIIIième siècle sur l'emplacement de la mission établie pour les Algonquins et les Abénaquis et délaissée par eux à la suite du traité de paix signé avec les Iroquois en 1701. On peut voir au sous-sol de la maison des fondations de bâtiments de la mission. Celle-ci comprenait une chapelle et quelques maisons entourées d'un enclos. Juste en face de la maison, se trouvent d'ailleurs les vestiges de cette chapelle. Cette résidence servit de maison de repos pour les prêtres du collège des Jésuites à Québec, jusqu'à la Conquête. La maison changea par la suite très souvent d'occupants et ce n'est qu'en 1956 que les Jésuites en reprirent possession. Elle appartient maintenant au ministère des Affaires culturelles.

Le carré de maçonnerie date du régime français mais la maison fut modifiée par la suite; la façade principale fut légèrement exhaussée à une période indéterminée donnant ainsi un étage en surcroît dans le comble et rendant nécessaire la construction d'un toit dissymétrique.

**Sillery**
**2316, chemin des Foulons**
**Maison Dupont**
**ca 1750**
I.B.C., 75-305-3 (22)

**Québec**
**115, Grande-Allée ouest**
**Maison Krieghoff**
**1848**
I.B.C., 75-150-4 (22)

**159**

Cette maison, voisine de la maison des Jésuites à Sillery, est située à l'angle nord-est du mur des fortifications de l'ancien fort des Jésuites démoli en 1702. Elle apparaît à une date inconnue entre 1733 et 1788.

La maison habitée par le peintre Cornelius Krieghoff pendant quelques années entre 1853 et 1862 avait été construite en 1848 par un nommé Daniel Roy. Cette maison en pièces sur pièces à coulisse constitue un rare vestige de ce qui était alors une banlieue de Québec. À noter, la galerie à poteaux et à balustres en planches découpées typiques du XIXième siècle.

**160**

Québec
1080, rue Lachevrotière
Chapelle de la maison-mère des
Soeurs du Bon-Pasteur
1866-1868, 1909
I.B.C., 74-934 (45)

Le mur classé constitue les restes de la maison dite Louis Jolliet construite vers 1830, habitée par l'historien Ernest Gagnon qui y compose un ouvrage sur Louis Jolliet, démolie en 1961 alors qu'elle servait de presbytère à l'église de Saint-Coeur-de-Marie.

Les plans de la chapelle élevée de 1866 à 1868 furent dessinés par Charles Baillargé à l'exception de la façade reconstruite en 1909 par les soins de l'architecte François-Xavier Berlinguet. L'originalité de la chapelle résulte surtout de ses dimensions: très étroite et haute de trois étages. Elle renferme quelques trésors tels le tableau de l'Assomption de la Vierge par Antoine Plamondon (1869), un tabernacle des Levasseur (1730) et les tombeaux des autels de Pierre-Florent Baillargé (ca 1800).

I.B.C., C.74-12 (45)

**Québec**
**684, Grande-Allée est**
**Maison Houde**
**XIXième siècle**
**1963**
I.B.C., 75-305-10 (35)

**161**

La façade de cette maison du XIXième siècle fut reconstruite en 1963 en réutilisant
le plus possible les matériaux originaux afin
de solidifier le mur extérieur et ajuster les
niveaux des planchers avec ceux de la maison d'Artigny.

Québec
690, rue Grande-Allée est
Maison d'Artigny
Construite au début du XIXième siècle et
transformée en 1960
I.B.C., 75-168-2 (22)

Québec
86, rue Saint-Louis
Maison Cureux
1729
1967-1968
I.B.C., 75-168-8 (22)

Seul le mur extérieur de la façade de la rue Grande-Allée fut classé. La vieille maison anglaise du début du XIXième siècle fut grandement transformée lors des travaux de reconstruction exécutés en 1960.

La maison de Michel Cureux, aubergiste, fut construite en 1729 par le maçon Jacques Ménard. Une immense cheminée dans le pignon et l'ancien toit à deux versants, très aigu, avec lucarnes, furent remplacés vers 1890 par le toit à la mansarde actuel, à une époque où ce type de comble était revenu à la mode.

**Québec**
**4, ruelle des Ursulines**
**47, rue Saint-Ursule**
**Maison Thompson-Côté**
**1793**
**Restaurée entre 1964 et 1970**
I.B.C., 75-217-2 (22)

**Québec**
**37, rue Sainte-Ursule**
**Maison Goldsworthy (maison Malenfant)**
**1802**
**Restaurée entre 1960 et 1967**
I.B.C., 75-287-11 (22)

**163**

Cette maison en pierre enduite fut bâtie en 1793 par le sergent-major James Thompson sur un terrain concédé par les Ursulines en 1789. Dans son testament rédigé en 1828, le sergent-major émet le souhait que la maison reste au sein de sa famille; elle y restera effectivement jusqu'en 1957. La maison avait été conservée intacte jusqu'à sa restauration; plusieurs pièces de ferronnerie d'origine y ont été notamment retrouvées.

Elle fut construite en 1802 par Richard Goldsworthy et possédée pendant un siècle et demi par sa descendance. L'interdiction, énoncée en 1800, de construire des perrons dans les rues de Québec, explique pourquoi l'accès au rez-de-chaussée se fait par un escalier intérieur.

**164**

Québec
24, rue Saint-Ursule
Maison Gagné
1832
I.B.C., 75-733-1 (22)

Québec
29-35, rue d'Auteuil
National School (maison Loyola)
1822-1824
I.B.C., 75-284-11 (22)

Robert Jellard, menuisier, achète en 1831 les emplacements sur lesquels il fera bientôt construire deux maisons en pierre (22 et 24) qu'il met en location dès 1833.

L'édifice Loyola, propriété des Jésuites depuis 1904, fut construit en 1822-1824 et exhaussé d'un étage, plus tard; il constitue le plus ancien bâtiment néo-gothique à Québec. Construit pour en faire une école, l'immeuble fut obtenu officiellement en fiducie en 1830 par le Lord Bishop anglican pour en faire la «National School», première école religieuse de foi anglicane à Québec.

**Québec**
**1044, rue Saint-Jean**
**Maison «Le Foyer»**
**1746**
I.B.C., 75-147-9 (22)

**Québec**
**38, rue Saint-Angèle**
**Maison Dion**
**1815**
I.B.C., 11480 B-6

La maison construite en 1746 par Augustin Gilbert sur un terrain concédé par l'Hôtel-Dieu de Québec est maintenant occupée par un commerce. Un étage fut sûrement ajouté au bâtiment au cours du XIXième siècle.

La maison Dion (au centre) identique à sa voisine et construite vraisemblablement en même temps, aurait été bâtie par l'entrepreneur Edward Cannon en 1815 pour le menuisier Charles Marié, alors très connu dans la ville de Québec.

**166**

Québec
10, rue Saint-Stanislas
Maison Bégin
Construite entre 1735 et 1768 et
transformée en 1902
I.B.C., 75-170-10 (22)

R.O.M.

La maison Bégin fut refaite en 1902 suivant
les plans de l'architecte Harry Staveley à
partir du carré de maçonnerie élevée entre
1753 et 1768 par le maître-maçon Jacques
Deguise dit Flamand, illustrée à droite sur
l'aquarelle de J.P. Cockburn.

**Québec**
**1078, rue Saint-Jean**
**Maison Latouche (maison Murray-Adams)**
**ca 1824**
**1962**
**I.B.C., 75-152-9 (22)**

**Québec**
**Rue Charlevoix**
**Chapelle de l'Hôtel-Dieu**
**1800-1803**
**I.B.C., 77-046-8 (22)**

# 167

La maison fut construite vers 1824 par son premier propriétaire Louis Latouche, maître-maçon de son métier. Le nom de Murray vient du fait qu'une autre maison située sur le même terrain a appartenu au général James Murray et à ses héritiers de 1764 à 1801. Monsieur Adams en était propriétaire lorsqu'elle fut classée.

La chapelle, la sacristie et le choeur réservé aux religieuses furent construits de 1800 à 1803 d'après les plans de l'abbé Philippe Desjardins. Les voûtes et les retables furent exécutés en 1829 et 1830 d'après les plans de Thomas Baillargé. Le portail de la chapelle fut également réalisé en 1839 d'après les plans de ce dernier.

**Québec**
**50-52-54, côte de la Fabrique**
**Maison Théonas**
**XVIIIième siècle**
I.B.C., 12555 R10-3

I.B.C., 11385 D-3
I.B.C., 77-535 (45)

Après la Conquête de 1759, la maison que nous appelons aujourd'hui Théonas (du nom de son propriétaire actuel), illustrée sur la gravure de Short, fut allongée et exhaussée d'un étage. Caractérisée par l'occupation maximale du terrain trapézoïdal sur lequel elle s'élève, cette maison attire tous les regards par son toit gauchi et sa situation privilégiée.

**Québec
22-24, rue Garneau
Maison Daigle
ca 1850
I.B.C., 77-520 (45)**

**Québec
17-17 1/2 Couillard
Maison Beaudet
ca 1750
I.B.C., 75-632 (45)**

Cette maison fut vraisemblablement construite vers 1850-1855.

Cette maison en pierre construite vers la fin du régime français se caractérise par l'utilisation totale qui a été faite du terrain irrégulier. Cette utilisation explique la forme de la maison: façade très longue, profondeur réduite et angle très aigu au coin des rues Couillard et Saint-Flavien.

**170**

Québec
14, rue Saint-Flavien
Maison Hamel
1862
I.B.C., 75-1123 (45)

Québec
20, rue Saint-Flavien
Maison Leclerc
ca 1844
I.B.C., 75-628 (45)

La maison Hamel construite en 1862 pour le marchand Abraham Hamel fut habitée par l'historien François-Xavier Garneau jusqu'à sa mort en 1866.

La maison Leclerc est un édifice en brique d'Écosse construit sur des fondations de pierre. Elle s'élève sur un emplacement qui fit l'objet de trois ventes au début du XIXième siècle; on apprend qu'en 1819 s'y trouve une maison de pierre à un étage, et qu'en 1843, la maison de pierre a deux étages. Le matériau de la maison (ayant exactement les mêmes dimensions que la maison actuelle) vendue en 1845 n'est pas mentionné. On peut supposer que la maison fut construite en brique vers 1844 par Eugène Trudeau, propriétaire de l'emplacement entre 1843 et 1845.

**Québec**
**18, rue Ferland**
**Maison Poirier**
**1827 ou 1828**
**1964**
I.B.C., 75-1124 (45)

**Québec**
**41, rue des Remparts**
**Maison Letellier**
**avant 1824**
I.B.C., 77-522 (45)

**171**

Cette grande maison à trois étages fut bâtie en 1827 ou 1828 pour le marchand François Durette. Elle se distingue surtout par ses remarquables boiseries qui pourraient avoir été exécutées par le sculpteur Louis-Thomas Berlinguet. Ernest Gagnon, musicien et compositeur, l'a habitée au milieu du siècle dernier.

La maison Letellier construite en pierre calcaire équarrie à une date indéterminée, remonte au plus tard aux environs de 1824. Un droit de vue du propriétaire de la maison voisine sur la rue Ferland empêche toute construction autre qu'une galerie d'une largeur de six pieds sur le terrain compris entre la maison et la rue Ferland.

**Québec**
**45,47,49,51, rue des Remparts**
**Maison Montcalm**
**1725 à 1851**
**1972-1973**
Photo: Guy La Roche

**172**

I.B.C., 77-523 (45)

L'ensemble architectural nommé maison Montcalm comprend, en réalité, quatre maisons reliées les unes aux autres. La maison de forme irrégulière, à toit en croupe, à l'extrême droite fut ajoutée en 1851 aux trois autres édifices beaucoup plus anciens.

La construction de l'ensemble architectural formé par les trois autres maisons, débuta en 1725 par la mise en chantier de la maison centrale. Elle fut bâtie par le maçon Jacques de Guise dit Flamand, d'après un plan fourni par l'ingénieur militaire Gaspard Chaussegros de Léry au premier propriétaire François Hérault, Sieur de Courcy et de Saint-Michel. Nicolas Lanouiller acquiert le bâtiment en 1726 et y fait ajouter deux ailes dans le même alignement. Ces maisons élevées entre 1727 et 1730 seront également construites par Jacques de Guise dit Flamand. Les bâtiments, en pierre, n'ont, à l'époque, qu'un seul étage.

Un document du 24 septembre 1752 donne une description de l'intérieur et précise l'existence de seize pièces, vingt-sept fenêtres dont douze du côté de la rue des Remparts, une porte et dix foyers.

Cette maison sera louée au général Montcalm qui l'habita de décembre 1758 à juin 1759. Après la capitulation, elle sera occupée d'une part par son propriétaire Joseph Brassard Deschenaux et d'autre part par des officiers anglais.

À l'automne de 1775, la maison Montcalm deviendra une caserne pour mercenaires anglais et allemands. Fortement endommagée, la maison sera réparée en 1779-1780 et subira ses premières transformations: elle comptera désormais 13 foyers et 13 croisées sur la rue des Remparts.

Vers 1810, la maison centrale est haussée d'un étage mais conserve toutefois sa charpente originale que l'on démonte et rassemble. Après 1834, les deux pavillons sont, à leur tour, exhaussés d'un étage; de plus, chaque partie de la maison aura dorénavant son entrée sur la rue des Remparts. Le recouvrement de bois à déclin semble avoir été mis en place vers 1850 pour protéger l'ancien crépi, des intempéries du Nord-Est.

Québec
14, rue Hébert
Maison Audet
XIXième siècle
I.B.C., 77-521 (45)

173

La maison Montclam a donc gardé du régime français les murs en pierre du rez-de-chaussée, plusieurs foyers, la charpente du toit de la partie centrale et les caves voûtées du pavillon de droite.

Cette maison qui n'a jamais cessé d'évoluer au plan architectural, est essentiellement une maison du XIXième siècle. À ce titre, elle est d'une richesse inouie avec ses entrées ornementales, sa vingtaine d'âtres aménagés pour le chauffage au charbon, des moulures décoratives et des boiseries du second quart du XIXième siècle.

Cette maison étroite, en briques, fut probablement construite au cours du XIXième siècle.

**Québec**
**1-3, rue Sainte-Famille**
**Maison Franchère (maison Marchand)**
**ca 1785**
**1972-1973**
**I.B.C., 75-196-1 (22)**

**174**

**Québec**
**1, rue de la Fabrique**
**Séminaire de Québec**
**1675 à 1875**
**Restauration en cours**
**I.B.C., 75-647-19 (35)**

Une première maison fut construite sur cet emplacement par Étienne Marchand en 1722. Antoine Franchère, aubergiste, achète en 1782 le terrain et la maison; il y fera élever, peu de temps après, la maison actuelle. La rallonge en bois, faite pour abriter les cages d'escalier, date de 1810-1815. La décoration intérieure comprend de magnifiques portes d'armoires encastrées dans les murs, de style Louis XV.

Le Séminaire de Québec fut fondé en 1663 par François Montmorency de Laval, premier évêque de la Nouvelle-France. Les sources documentaires et les édifices actuels indiquent sept étapes de construction. L'érection des bâtiments en pierre commença en 1675 avec la construction de l'aile des Parloirs selon un plan d'ensemble conçu par le Récollet Claude François, dit Frère Luc. L'aile de la Procure, bâtie entre 1675 et 1681 par Claude Baillif, passe pour être, à l'époque, le plus bel édifice du pays: il a deux cents pieds de longueur, deux étages sur des caves voûtées et un toit à la mansarde. La chapelle intérieure est construite en 1694 selon les plans de l'architecte Hilaire Bernard de la Rivière. Deux incendies, l'un en 1701 et l'autre en 1705 détruisent partiellement l'oeuvre commencée. On rebâtit. Une première chapelle extérieure s'élève en 1750 tout près de l'entrée de la cour intérieure. En 1822, des altérations sont apportées aux bâtiments: on transforme le porche et on élargit les ailes de la Congrégation et des Parloirs par l'intérieur de la cour. En 1827, on ajoute une aile au

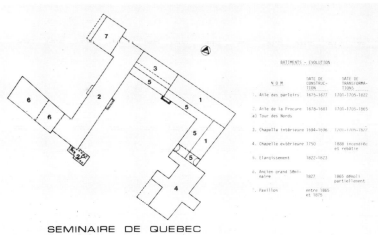

bâtiment de 1681. L'incendie de 1865 a détruit ce dernier édifice ainsi que les combles de l'aile de la Procure. Lors de la reconstruction de 1866, les murs de cette aile seront exhaussés d'un étage. Un autre incendie détruit la chapelle extérieure en 1888; elle est alors remplacée par la chapelle actuelle. La restauration de cet ensemble architectural a commencé il y a déjà quelques années. Des visites guidées permettent aux touristes de découvrir ces merveilles de l'architecture traditionnelle.

SEMINAIRE DE QUEBEC
ECH: 50'=1"

BATIMENTS - EVOLUTION

| N O M | DATE DE CONSTRUC- TION | DATE DE TRANSFORMA- TIONS |
|---|---|---|
| 1. Aile des parloirs | 1675-1677 | 1701-1705-1822 |
| 2. Aile de la Procure | 1678-1681 | 1701-1705-1865 |
| a) Tour des Nords | | |
| 3. Chapelle intérieure | 1694-1696 | 1701-1705-1822 |
| 4. Chapelle extérieure | 1750 | 1888 incendiée et rebâtie |
| 5. Elargissement | 1822-1823 | |
| 6. Ancien grand Séminaire | 1827 | 1865 démoli partiellement |
| 7. Pavillon | entre 1865 et 1875 | |

**Québec**
**Place de l'Hôtel-de-Ville**
**Basilique Notre-Dame-de-Québec**
**1647 à 1888**
**1922-1924**
I.B.C., 75-851 (45)

**Québec**
**15-17, rue Desjardins**
**Maison Vanfelson et ancienne écurie**
**ca 1780 et ca 1810**
**1973-1974**
I.B.C., 77-516 (45)

Issue d'un noyau appelé Notre-Dame-de-la-Paix en 1647, l'église Notre-Dame-de-Québec est devenue l'église actuelle sous l'action d'architectes de grande valeur qui, successivement au cours des siècles, ont mis leur talent à son service: Claude Baillif (premier agrandissement, 1684-1697), Gaspard Chaussegros de Léry (deuxième agrandissement, 1744-1749), Les Baillargé, Jean et François (reconstruction et décoration intérieure, 1768 à 1823), Thomas Baillargé (nouvelle façade, 1843), François-Xavier Berlinguet (chapelle du Sacré-Coeur, 1888), Raoul Chênevert (restauration, 1922-1924).

Antoine Vanfelson, boucher, achète en 1779 une boucherie en pierre construite entre 1774 et 1778 par George Hips. Entre 1779 et 1785, Antoine Vanfelson fait construire une écurie en pierre au fond de la cour et une maison à un étage englobant la boucherie déjà bâtie: la cheminée centrale de la maison actuelle appartenait à la boucherie initiale. Entre 1806 et 1818, sa veuve ou son fils Georges font ajouter un étage supplémentaire. De 1820 à 1895, l'immeuble sera constamment loué à divers locataires qui y conserveront à la fois une fonction commerciale et résidentielle. De 1895 à 1965, la maison appartiendra à trois générations de Légaré qui y tiendront une boutique de barbier. Le logement de l'étage contient de fort belles boiseries de style Louis XV très semblables à celles conservées à l'Hôpital-Général de Québec.

**Québec**
**34-36, rue Saint-Louis**
**Maison Jacquet**
**1677 et XIXième siècle**
I.B.C., 77-398 (45)

**177**

Deux maisons forment ce que nous appelons couramment la maison Jacquet. L'édifice situé en retrait, au coin de la rue, date des environs de 1677 alors qu'elle fut construite par Pierre Ménage sur un terrain concédé par les Ursulines à François Jacquet dit Langevin. Ce ne fut qu'au XIXième siècle que la maison voisine sur la rue Saint-Louis et l'allonge de la rue Desjardins furent élevées en remplacement de l'écurie et de la cour qu'y avait aménagé Pierre Ménage au XVIIième siècle.

Elle fut longtemps appelée maison Montcalm parce que, selon la tradition populaire, le général Montcalm y serait mort en 1759. Il est maintenant établi que la maison appartenait alors au sieur Jean-Baptiste Prévost et que le chirurgien Arnoux, chez qui Montcalm est décédé, habitait plus loin sur la rue Saint-Louis.

L'écrivain Philippe Aubert de Gaspé fut propriétaire de la maison et y habita de 1815 à 1824.

**Québec**
**12, rue Donnacona**
**Maison des Ursulines**
**Construite en 1836 et 1868**
**Restaurée entre 1965 et 1969**
I.B.C., 75-647-22 (35)          I.B.C., 77-680 (45)

La maison des Ursulines fut construite en 1836 en réutilisant, dans la mesure du possible, les fondations de la maison de Madame de La Peltrie érigée en 1644, agrandie en 1748 et devenue alors beaucoup trop petite. Le marché de construction précisait que l'on devait réutiliser la vieille pierre et le vieux bois de l'édifice qui avait servi tour à tour de résidence aux religieuses puis à monseigneur de Laval, de centre d'hébergement pour les filles du roi et d'école externe. En 1868, l'immeuble fut exhaussé d'un étage en briques afin d'y accueillir les jeunes irlandaises. L'édifice actuel servit à l'École normale Laval jusqu'en 1930. Un musée, ouvert au public, y est maintenant aménagé.

**Québec**
**60, rue Saint-Louis**
**Maison William Smith (maison Crémazie)**
**1831**
**1970-1971**
I.B.C., 75-141-7 (22)

**Québec**
**42, rue Sainte-Geneviève**
**Maison Langevin (maison Bélisle)**
**1848**
I.B.C., 75-143-6 (22)

**179**

Le nom de Crémazie rappelle l'avocat Jacques Crémazie, frère du poète Octave, qui l'habita de 1835 à 1872. La maison avait été construite en 1831 pour l'avocat William Smith en remplacement d'une autre maison détruite en 1829.

La maison Langevin ou Bélisle (à droite) fut construite en 1848 par l'architecte-maçon Pierre Gauvreau et le menuisier Toussaint Vézina pour Jean Langevin. Cette maison et sa voisine constituent un duplex très intéressant. La composition architecturale avec des arcades et des tables renfoncées révèle une influence de l'architecture de brique, déjà réalisée dans ce secteur un peu auparavant.

**Québec**
**24 et 24A, rue Mont-Carmel**
**Maison Feldman et ancienne écurie**
**1821-1824, ou 1832**
**1972**
I.B.C., 75-146-7 (22)          I.B.C., 75-146-9 (22)

Cette maison aurait été construite selon certains par Thomas Hunt entre 1821 et 1824 ou selon d'autres part l'architecte Georges Browne pour le docteur Fargues de l'Hôtel-Dieu en 1832. Une chaîne complète des titres permettrait de trancher la question. Une ancienne écurie en pierre dont la façade est en briques, maintenant transformée en logement, est reliée à la maison par un mur de clôture en pierre.

**Québec**
**18, rue Mont-Carmel**
**Maison des Bédard**
**1783-1830**
**1966**
I.B.C., 77-046-2 (22)

**Québec**
**5, rue du Fort**
**10, rue Sainte-Anne**
**Maison Price**
**Maison du Fort**
**XIXième siècle**
**1965**
I.B.C., 75-169-5 (22)

**181**

La maison des Bédard doit son nom à Pierre et Elzéar Bédard, père et fils, l'un patriote, compagnon d'armes de Papineau au cours des luttes politiques du début du XIXième siècle, l'autre, élu premier maire de Québec en 1834.

Lorsque Pierre Bédard achète la maison en 1800, celle-ci, bâtie en 1783, ne compte qu'un étage en pierre; il y fait immédiatement élever un second étage. Incendiée en 1811, la maison fut restaurée l'année suivante; on a conservé, de ces travaux, la mouluration et les boiseries du premier étage. En 1830, Elzéar Bédard exhausse la maison d'un autre étage et lui donne son aspect actuel.

Les maisons Price et du Fort datent vraisemblablement du XIXième siècle quoique le musée du Fort fut partiellement reconstruit; on y a ajouté un étage, fait un nouveau toit et une échauguette. Le style de cette restauration est certes influencé par le château Frontenac. Ces maisons furent classées non pas pour leur valeur historique particulière mais pour leur position stratégique près du château Frontenac.

**Québec**
**54, côte de la Montagne**
**Maison Garon**
**1740**
**1966**
I.B.C., 77-315 (45)          I.B.C., 77-368 (45)

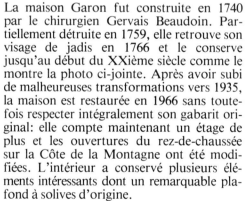

La maison Garon fut construite en 1740 par le chirurgien Gervais Beaudoin. Partiellement détruite en 1759, elle retrouve son visage de jadis en 1766 et le conserve jusqu'au début du XXième siècle comme le montre la photo ci-jointe. Après avoir subi de malheureuses transformations vers 1935, la maison est restaurée en 1966 sans toutefois respecter intégralement son gabarit original: elle compte maintenant un étage de plus et les ouvertures du rez-de-chaussée sur la Côte de la Montagne ont été modifiées. L'intérieur a conservé plusieurs éléments intéressants dont un remarquable plafond à solives d'origine.

**Québec**
**64, côte de la Montagne**
**Maison Canac dit Marquis (maison Roy)**
**1768**
I.B.C., 77-580 (45)

**Québec**
**58, rue sous-le-fort**
**Mur de pierre et emplacement de l'école**
**Notre-Dame-des-Victoires**

La maison fut édifiée en 1768 par Joseph Canac dit Marquis sur les fondations d'une autre maison construite vers 1728 par Jean-Baptiste Lecompte.

Le terrain sur lequel s'élève l'ancienne école Notre-Dame-des-Victoires (bâtiment et cour) font partie d'un terrain plus vaste concédé dès 1655 à Simon Denis de la Trinité. Depuis 1670, plusieurs maisons se sont succédé autant du côté de la côte de la Montagne que de la rue Sous-le-fort; les désastres qui ont ravagé la basse ville de Québec au XVIIième et au XVIIIième siècles tels la conflagration générale du 5 août 1682 et le bombardement de 1759 ont rythmé le renouvellement des constructions. Au XXième siècle, l'ancienne école Notre-Dame-des-Victoires fut construite sur la rue Sous-le-fort pour répondre aux besoins scolaires de ce quartier de la basse ville. Le mur de pierre que l'on voit sur la côte de la Montagne, à côté de la maison Canac (dit Marquis) fut élevé en 1962 en guise de rappel des anciennes constructions aujourd'hui disparues.

**Québec**
**92, rue Saint-Pierre**
**Maison Estèbe**
**1751 à 1753**
**1961 à 1963**
I.B.C., 75-183-2 (22)

Direction
d'archéologie
et d'ethnologie

Cette maison fut construite au moment où Guillaume Estèbe, père de huit enfants vivants, atteignait le sommet de ses fonctions sociales et commerciales. Il était conseiller au Conseil Supérieur, directeur et administrateur des forges de Saint-Maurice, garde-magasin du roi, entrepreneur de pêcheries et marchand-négociant. L'immense maison répondait ainsi par sa taille et sa localisation au bord du fleuve aux besoins familiaux, commerciaux et sociaux de monsieur Estèbe. La maison actuelle serait à 90% celle construite entre 1751 et 1753 par les maçons Nicolas Dasilva, Pierre Delestre dit Beaujour et René Paquet. Elle fut l'une des rares maisons de la basse ville à avoir échappé à la destruction du siège de Québec en 1759. La charpente originale coiffe la maison plus que deux fois séculaire; elle se classe parmi les charpentes les mieux conservées du XVIIIième siècle à Québec.

Ce bâtiment illustre le sommet atteint par notre architecture domestique urbaine sous le régime français. La maison se caractérise par les éléments suivants: un passage à charrette voûté reliant la cour et le quai à la rue Saint-Pierre, des pièces pavées de carreaux de Marseille ou de pierre de grès, des cloisons en briques françaises, des foyers en pierre moulurée, des traces d'un manteau de cheminée en plâtre; dans la grande salle du rez-de-chaussée, une plaque de fonte fabriquée aux forges de Saint-Maurice en 1752, sert de contre-feu au foyer de la grande salle et chauffe ainsi par radiation le cabinet adjacent.

Cette maison fut transformée au XIXième siècle; à la suite d'un règlement municipal, on lui enleva alors son perron en façade; on déplaça, par conséquent, la porte d'entrée, on réaménagea l'accès intérieur et la position des escaliers. Ces travaux correspondaient également à un changement d'utilisation de l'édifice; de fonction résidentielle familiale, la maison acquit vers 1810 une fonction commerciale d'édifice à bureaux. En 1818, la succursale à Québec de la Banque de Montréal loge dans la maison Estèbe. La maison gardera son caractère commercial jusqu'à son acquisition en 1959 par le Ministre des Affaires culturelles.

Une première étape de restauration fut amorcée en 1961-62-63; des fouilles archéologiques exécutées en 1974 et 1975 ont permis d'y ramasser la collection d'artefacts la plus importante de la période 1750-1790.

**Québec**
**18-22, rue Saint-Pierre**
**Maison Dupont-Renaud (maison Matte)**
**1686-1695, 1768**
**1975-1976**
I.B.C., 77-043-4 (22)

**Québec**
**14-16, rue Saint-Pierre**
**Maison des Jésuites (maison Delage)**
**1713-1739**
**1975-1977**
I.B.C., 77-043-3 (22)

La maison Dupont-Renaud fut restaurée en 1975-1976 dans le cadre de la restauration de la Place Royale. Une première maison fut construite entre 1686 et 1695 par Nicolas Dupont, personnage important, membre du Conseil Souverain. Abîmée par les batailles de la Conquête, la maison en ruines est achetée vers 1768 par Jean Renaud qui la reconstruit, selon les mêmes dimensions, sur les caves restées intactes de la maison de Nicolas Dupont.

Dès 1683, les Jésuites construisent une maison sur ce terrain. Plus tard, entre 1713 et 1739, le marchand Charles Guillemin agrandit la maison, d'abord, en reconstruisant quelques dix pieds plus loin le mur arrière de la maison donnant sur la Batterie Royale et ensuite, en érigeant une allonge en prolongement de la maison sur la rue Saint-Pierre. Dès 1739, la maison avec toit à la mansarde est dite avoir une façade de quelques 70 pieds de longueur sur la rue Saint-Pierre. On peut voir, au sous-sol, l'emplacement des murs de l'ancienne maison des Jésuites avant les agrandissements.

**Québec**
**9-11, place Royale**
**Maison Fornel**
**Construite en 1724**
**rebâtie en 1964**
I.B.C., 75-156-9 (22)

**Québec**
**Place Royale**
**Église Notre-Dame-des-Victoires**
**Construite en 1688, 1723, 1816 et**
**restaurée en 1888 et 1967**
I.B.C., 73-1111

La maison Fornel, entièrement rebâtie en 1964, rappelle la maison érigée en 1724 par Jean-Louis Fornel, surnommé le Découvreur. Elle avait, à l'origine, un étage supplémentaire. Ouverte au public, les visiteurs peuvent y voir dans la cave les fondations de la première maison bâtie sur ce terrain par Louis Rouer de Villeray en 1658, et les deux voûtes construites en 1735 par Fornel dans le prolongement de la cave de sa maison, en-dessous de la place Royale.

L'église Notre-Dame-des-Victoires fut d'abord dédiée à l'Enfant-Jésus; en 1690, à la suite de la déroute de l'amiral Phipps, elle prit le vocable de Notre-Dame-de-la-Victoire. En 1711, après le naufrage de la flotte anglaise commandée par l'amiral Walker, l'église changea de nom une fois de plus afin de rappeler les deux victoires.

Elle fut construite en 1688 par Claude Baillif (chevet et longs pans) agrandie en 1723 par Jean Maillou (allongement de la nef et nouvelle façade) et par Pierre Gratis (construction de la chapelle Sainte-Geneviève), incendiée en 1759 et réparée en 1763 et 1766. En 1816, François Baillargé y fit de grandes modifications. Il change l'angle du toit afin de le rendre plus évasé, refait la charpente, remplace la niche du pignon par un oeil-de-boeuf supplémentaire et les niches latérales par des fenêtres, refait un nouveau portail, ramène le clocher, placé à l'origine au-dessus du sanctuaire, à la façade de l'église, ouvre une nouvelle fenêtre dans l'allongement de 1723, remplace la toiture en bardeau par une couverture en fer blanc.

**Québec**
**28-30, rue Champlain**
**Maison Demers (maison Lemieux)**
**1688-1692, 1764**
I.B.C., 75-183-11 (22)

**187**

Tous ces travaux furent exécutés dans le but d'adapter l'édifice ancien au goût nouveau de l'architecture classique anglaise.

De 1854 à 1857, Raphaël Giroux refait toute la décoration intérieure de l'église de sorte que nous pouvons dire que l'église Notre-Dame-des-Victoires est une église de la première moitié du XIXième siècle réalisée à partir de structures du XVIIième siècle et du XVIIIième siècle.

La construction de cette maison s'échelonna de 1688 à 1692: plusieurs maçons tels Lagrange, Le Rouge, Regnault et Charpentier y travaillèrent pour Jean Demers.

Dès 1714 et ce, jusqu'à la fin du XIXième siècle, la maison est divisée en deux parties ayant chacune quelques fenêtres à la fois sur la petite rue Champlain et sur l'anse des Barques (aujourd'hui boulevard Champlain). Ayant souffert des bombardements lors du siège de Québec en 1759, la maison fut réparée et une nouvelle charpente, peut-être encore en place, fut exécutée en 1764 par Thimothée Laflèche. Le rez-de-chaussée a subi plusieurs transformations au XXième siècle.

**Québec**
**7-9, 5, 3, rue Champlain**
**Hôtel Chevalier (7-9 rue Champlain)**
**Maison Pagé (5 rue Champlain)**
**Maison Chesnaye de la Garenne**
**(3 rue Champlain)**
**Hôtel Chevalier construit en 1752**
**et restauré en 1960**
I.B.C., 75-286-12 (22)

**188**

L'imposante maison Chevalier et ses deux voisines plus modestes, les maisons Pagé et Chesnaye de la Garenne constituent un ensemble architectural bien connu des québécois. Seule la maison Chevalier avait conservé des éléments anciens d'architecture traditionnelle lors de la restauration de l'îlot vers 1960. On y retrouve encore la maçonnerie, voûtes et murs, mise en place par le maçon Pierre Renaud en 1752 pour la maison du marchand Jean-Baptiste Chevalier. La charpente ancienne date de la première restauration de la maison, en 1763, après l'incendie causée par le siège de Québec. Dès 1780, et ce, pendant près d'un siècle, la maison est transformée en auberge connue sous le nom de «London Coffee House».

La maison voisine nommée maison Joseph Pagé, incendiée au siècle dernier fut partiellement reconstruite. Une maison avait été bâtie vers 1683 par Thomas Frérot, sieur de la Chenaye; plus tard, au XVIIIième siècle, l'orfèvre Joseph Pagé dit Quercy y demeura.

La dernière maison de l'îlot appelée maison Chesnaye de la Garenne est une construction neuve élevée en 1960, en remplacement d'un édifice de la fin du XIXième siècle. Le marchand Bertrand Chesnaye de la Garenne fut au XVIIième siècle propriétaire du terrain sur lequel un certain Romain Dolbec fit construire vers 1713 une magnifique maison de pierre dont un dessin en coupe fut retrouvé dans les archives notariales.

**Québec**
**477, rue Champlain**
**École du Cap Diamant**
**1842**
**ca 1965**
I.B.C., 75-219-2 (22)

**Québec**
**113-115-117, rue Saint-Paul**
**Maison Mercier**
**ca 1780**
I.B.C., 75-304-9 (22)

**189**

Cette école fut construite en 1842 à la demande de monseigneur Signaÿ par Pierre Gauvreau, maître-maçon et futur architecte des travaux publics. L'évêque de Québec voulait établir une école dans ce quartier de la ville. Le menuisier Jacques Vézina fut chargé d'exécuter les travaux de charpenterie, menuiserie et couverture. Le bâtiment connut des sorts divers. Après avoir servi d'école, l'édifice fut transformé en église; il subit alors plusieurs modifications pour répondre aux exigences du culte: une partie du plancher du troisième étage fut éliminée au profit de la construction d'une tribune, des colonnes furent ajoutées au premier et au deuxième étage. Restaurée dans les années 1960, cette maison abrite maintenant des bureaux. À noter, la cage de l'escalier est hors oeuvre, appuyée sur le pignon nord-est.

La maison Mercier, construite vers 1780, est une grande maison en pierre de trois étages contenant probablement à l'origine deux corps de logis. Elle donne d'une part sur la rue Saint-Paul et d'autre part sur la rue Sous-le-cap. Elle appartient à la famille Mercier depuis 1886.

**190**

Québec
129-131, rue Saint-Paul
133-135, rue Saint-Paul
**Maison Lamarche**
**Maison Morency**
**XIXième siècle**
I.B.C., 77-577 (45)

Québec
137-139, rue Saint-Paul
**Maison Giguère**
**XIXième siècle**
1963
I.B.C., 75-146-10 (22)

Les maisons Lamarche et Morency construites toutes deux en brique au XIXIème siècle, illustrent deux types de maisons québécoises urbaines: la maison à toit à deux pentes, aigu, éclairé de lucarnes et la maison avec toit à la mansarde, populaire dans la deuxième moitié du XIXième siècle, où les combles sont utilisés pleinement sans perte d'espace. La mansarde de la maison Morency fut ajoutée en remplacement d'un toit à deux pentes.

Cette maison en briques du XIXième siècle était semblable à ses voisines avant les travaux de transformation en 1963. Elle donne d'un côté sur la rue Saint-Paul et de l'autre, sur la rue Sous-le-cap.

**Québec**
**353 à 361, rue Saint-Paul**
**52, rue Saint-Nicolas**
**Maison Euloge Girard**
**ca 1830**
**1967-1968**
I.B.C., 77-982 (45)

Québec
**42-46, rue Saint-Nicolas**
**Maison François Gourdeau**
ca 1820
1967
I.B.C., 76-009-6 (22)

**191**

Deux maisons différentes et voisines furent classées ensemble sous le nom de maison Euloge Girard. Celle du coin, en pierre, à toit en croupe daterait des environs de 1830 tandis que la maison voisine, en briques, avec un campanile fermé sur le toit, aurait été construite quelques années plus tard.

Cette belle maison de style traditionnel urbain aurait été construite vers 1820. François Gourdeau en fut propriétaire dans la première moitié du XIXième siècle. Un mur coupe-feu sépare les deux corps de logis; une voûte au sous-sol a été conservée jusqu'à nos jours.

**Québec**
**12, rue Ancien chantier**
**Maison Simon Bédard**
**Construite au milieu du XIXième siècle**
I.B.C., 77-048-8 (22)

**Québec**
**100, rue de La Vérendrye**
**Maison Maizerets**
**ca 1713-1777-1826-1849**
I.B.C., 75-277-9 (22)

L'histoire de cette maison en pierre cal-caire de rang n'a pas été faite. Elle date-rait vraisemblablement du milieu du XIXiè-me siècle et fut propriété de la famille Simon Bédard au cours du même siècle.

Le séminaire de Québec acquiert en 1705 la ferme de Thomas Doyon située à la Ca-nardière de la seigneurie Notre-Dame-des-Anges. Cette terre sera considérablement agrandie au XVIIIième siècle par des achats successifs.

Des travaux d'envergure sont exécutés vers 1713 sur la maison construite par Thomas Doyon entre 1696 et 1705. Il est d'ailleurs possible que cette reconstruction ait été presque totale. À la fin du régime français, la maison en pierre a un étage et un toit à la mansarde.

En 1775, les Américains occupent cette mai-son et l'incendient en 1776 lorsqu'ils l'aban-donnent. Il n'en reste que les murs. On dé-cide alors de rebâtir la Canardière à deux étages en surhaussant les anciens murs. Un toit en pavillon remplace la mansarde. Mi-chel-Augustin Jourdain agit comme maître-d'oeuvre dans cette reconstruction.

En 1826, le Séminaire de Québec fait allon-ger la maison originale d'une trentaine de pieds. Elle est exécutée dans le même style (fenêtres, dimensions, toit en pavillon); tou-tefois, le sous-sol dégagé laisse paraître un étage de plus.

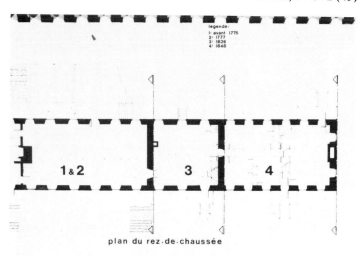

plan du rez-de-chaussée

En 1848-1849, une nouvelle rallonge, en prolongement de la précédente, sera exécutée sous la direction du maître-maçon Jean Paquet. Érigé selon le modèle précédent, ce bâtiment se distingue pourtant par le fait qu'il est doté d'un pignon portant une cheminée.

Jusqu'en 1927, la maison Maizerets présentera une toiture asymétrique: toit en pavillon d'un côté et pignon de l'autre.

Deux incendies, l'un en 1923 et l'autre en 1927 ont partiellement détruit tout à tour les rallonges de 1849 et de 1826. Par contre, la reconstruction de 1777 n'a jamais été touchée par le feu. Lors de la restauration de 1928, on a refait la toiture complète des trois sections et construit un pignon en bois à la maison originale de 1777 afin d'en rendre les deux extrémités symétriques.

D'autres bâtiments, dont une ancienne grange en pierre bâtie en 1755 et un petit oratoire abritant une statue de la Vierge à l'enfant (1870), sont répartis sur le domaine de Maizerets.

Après avoir servi d'habitation pour les gérants de la ferme et de salles pour séminaristes en vacances ou en visite, la maison Maizerets sert, depuis 1932, de colonie de vacances pour les élèves du séminaire.

La maison ne porte le nom de Maizerets que depuis le début de 1850, en l'honneur de Louis Ango de Maizerets, supérieur du Séminaire lors de l'acquisition de la terre en 1705. Auparavant, le domaine portait le nom de «La Canardière» tout comme les terrains environnants, par suite de l'abondance des canards sur ces terres situées au confluent du fleuve et de la rivière Saint-Charles.

**Charlesbourg
Première Avenue
Église Saint-Charles-Borromée
1828
1960, 1962
I.B.C., 75-845 (45)**

**194**

I.B.C., 76-965 (45)

La première église de pierre érigée en 1676 fit place en 1828 à l'église actuelle. Les plans de celle-ci furent dessinés par l'architecte Thomas Baillargé secondé par l'abbé Jérôme Demers, supérieur du Séminaire de Québec. André Paquet réalisa la décoration intérieure de l'église de 1833 à 1849 en y incluant les statues de saint Pierre et saint Paul sculptées par Pierre-Noël Levasseur en 1742. On les voit sur la photo ci-jointe dans les niches de part et d'autre du retable. Une seconde sacristie fut construite en 1887 par l'architecte David Ouellet.

**Giffard**
**3200, avenue Royale**
**Maison Laurent dit Lortie (maison Côté)**
I.B.C., 75-285-9 (22)

**Giffard**
**2240-2242, rue de Lisieux**
**Maison Parent**
I.B.C., 76-179-12 (22)

**195**

Cette très grande maison, toute en longueur, forme avec la route un angle de 15 degrés. La partie ouest de la maison comprise entre les cheminées est faite en pierre tandis que la partie est (environ dix pieds de façade), est en bois. Celle-ci fut ajoutée à une date ultérieure; il est permis de penser que le carré de pierre a fait l'objet d'agrandissements successifs. Madame Côté, l'actuelle propriétaire, représente la sixième génération des Laurent dit Lortie à l'habiter.

Cette maison pourrait, dit-on, avoir près de 300 ans. Elle se situe à l'endroit où Pierre Parent se serait installé en arrivant au Canada, à la fin du XVIIième siècle. Cette maison de pierre crépie à toit particulièrement aigu nous semble, de par son volume et le nombre des cheminées, avoir subi des agrandissements successifs. Elle appartient, de façon sûre et certaine, depuis 1804, à la famille Parent.

**196**

Courville
2328, avenue Royale
Maison Tessier dit Laplante
Construite dans la deuxième moitié du
XIXième siècle
I.B.C., 76-659 (45)

Cette maison fut habitée par la famille Chalifour depuis sa construction au XVIIième siècle jusqu'en 1965. Plusieurs transformations ont modifié au cours des ans l'aspect de la maison. En 1922, la cuisine d'été en bois a remplacé une ancienne laiterie en pierre; depuis 1956, la couverture actuelle camoufle l'ancienne couverture en bardeaux et l'addition de coyaux a donné un plus grand surplomb au toit.

Lors de la mise en vigueur du cadastre de la paroisse de Beauport en 1874, cette bâtisse appartenait à François-Xavier Tessier dit Laplante. Cette maison en pierre, recouverte d'enduit, a une galerie couverte sur chacun des longs pans; elle constitue un bel exemple d'un type de maison retrouvé fréquemment sur la Côte de Beaupré.

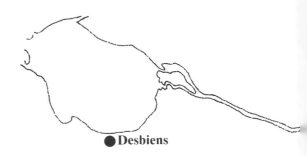

● Desbiens

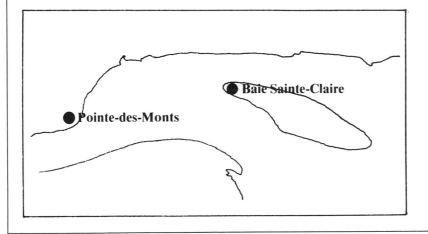

● Pointe-des-Monts

● Baie Sainte-Claire

L'Ange-Gardie
Boischatel

# Île d'Orléans et côte nord

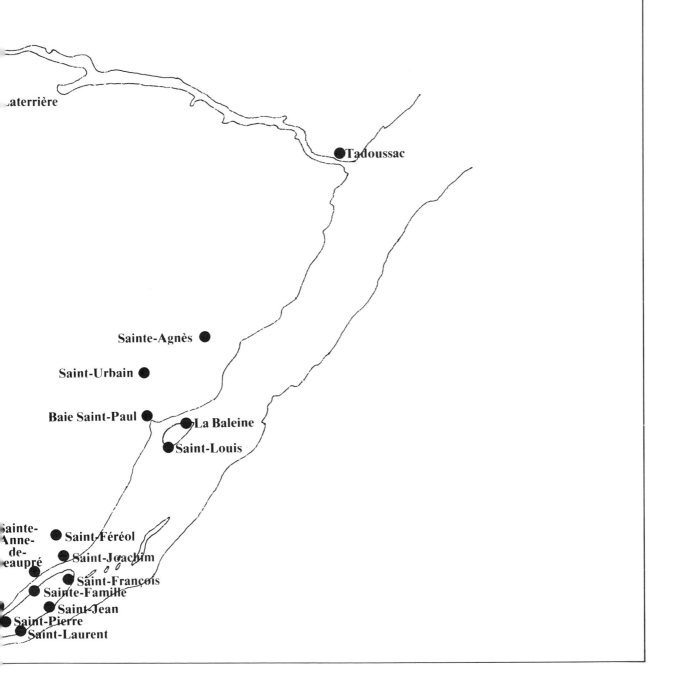

Laterrière

Tadoussac

Sainte-Agnès

Saint-Urbain

Baie Saint-Paul

La Baleine

Saint-Louis

Sainte-Anne-de-Beaupré

Saint-Féréol

Saint-Joachim

Saint-François

Sainte-Famille

Saint-Jean

Saint-Pierre

Saint-Laurent

**Saint-Pierre**
**18 avenue Royale**
**Maison Côté**
**Construite au XVIIIième ou début**
**XIX ième siècle**
**restaurée dans les années 1960**
**I.B.C., 76-983 (45)**

**200**

Saint-Pierre
Église Saint-Pierre
1716-1718
Restaurée dans les années 1960 et en
1976-1977
I.B.C., 75-191-6 (22)

Construite sur une terre concédée en 1663 à Jean Leclerc dit Le Bouteleau, cette maison, dont les murs sont en maçonnerie et les pignons en bois, est parvenue jusqu'à nos jours grâce à la solidité avec laquelle elle fut édifiée et grâce à l'intérêt que lui portent ses propriétaires.

Le maçon Antoine Carpentier érigea les murs de l'église Saint-Pierre vers 1716-1718. André Paquet fit le clocher actuel en 1830. Une douzaine d'artisans différents ont travaillé pendant plus de 250 ans à embellir cette église. Les boiseries actuelles sont presque toutes l'oeuvre d'André Paquet. Il réalisa le retable du sanctuaire (1832-1834), la décoration de la voûte, des chapelles, de la corniche de la nef (1843), le banc d'oeuvre, le jubé, la balustrade du. sanctuaire (1847). Les trois autels furent sculptés par Pierre Emond en 1795.

**Sainte-Famille**
**Maison de l'Atre**
**ca 1680**
**1962-1964**
I.B.C., 75-193-11 (22)

**Sainte-Famille**
**Maison Morency-Demers (La Brimbale)**
**ca 1720**
**1962-1964**
I.B.C., 75-189-9 (22)

**201**

La maison ancestrale de la famille Gagnon fut commencée vers 1680 et allongée par la suite. Elle possède une cheminée centrale et deux fausses cheminées, des murs en pierres des champs d'une épaisseur de trois pieds et des plafonds bas à poutres. Aujourd'hui, la maison connue sous le nom de l'Atre est devenue accessible au public.

Cette maison dont la plus ancienne partie fut construite vers 1720, a abrité de nombreuses générations de Morency. À remarquer la forme rectangulaire de la maison et la cheminée centrale résultant d'un agrandissement exécuté à une date inconnue.

**202**

Saint-François
15, chemin Royal
Maison Asselin (maison Nadeau)
Construite en 1756 et 1800
et restaurée en 1968
I.B.C., 75-200-12 (22)

Berceau de la famille Jinchereau ou Ginchereau au Québec, cette maison aurait été construite par l'ancêtre prénommé Louis aux alentours de 1673. D'ailleurs, l'angle aigu du toit, l'asymétrie des ouvertures, la cheminée centrale peuvent être des indices de son grand âge. C'est un autre merveilleux témoignage de la tradition architecturale de nos ancêtres.

Cette maison rurale appartenait à une famille de marins, la famille Asselin. La restauration qu'elle a subie a davantage accentué la différence qu'elle avait déjà avec les autres maisons de l'île. La galerie fut supprimée; la porte d'entrée du rez-de-chaussée disparut au profit de la porte du sous-sol à laquelle on donne une importance qu'elle n'avait pas. Des légendes au sujet de contrebande et d'alambic entourent cette maison.

**Saint-François**
**20, chemin Royal**
**Maison Roberge**
**XVIIIième siècle**
**1969**
I.B.C., 75-119-7 (22)

**Saint-François**
**58, chemin Royal**
**Maison Imbeau**
**Construite au début du XVIIIième siècle**
**et restaurée en 1968-1969**
I.B.C., 77-1033 (45)

**203**

Propriété successive de plusieurs générations des familles Guérard et Giguère, cette
maison fut vraisemblablement construite en
trois étapes: d'abord un carré initial à la fin
du XVIIième siècle ou au début du XVIII
ième siècle, une première allonge vers 1780
et une seconde vers 1850. L'histoire de cette
maison avec ses allongements successifs illustre bien l'évolution de plusieurs maisons
de la région.

La maison Imbeau, construite vraisemblablement au début du XVIIIième siècle, fut
entièrement restaurée en 1968-1969. Cette
maison constitue un autre exemple de la
maison traditionnelle de l'île d'Orléans et de
la Côte de Beaupré. Elle contient, en outre,
un magnifique four à pain placé à angle
droit avec la cheminée.

**Saint-François**
**Vieille école de fabrique**
**ca 1830**
**1959**
I.B.C., 75-202-4 (22)

**Saint-François**
**Église Saint-François-de-Sales**
**1734**
**1953-1955**
I.B.C., 75-1044 (45)

La lois des écoles de Fabriques votée en 1824 à la suite d'une pétition des citoyens de la ville de Québec autorisait les Fabriques à posséder les biens meubles et immeubles nécessaires à la fondation et à l'entretien des écoles élémentaires de leur territoire. Un quart des revenus paroissiaux de l'année pouvait être utilisé par le curé et les marguillers qui assumaient la direction de l'école. La vieille école de Saint-François, fut construite dans les années 1830. Bâtie en bois, la vieille école est revêtue de planches en façades et de bardeaux de cèdre sur les murs pignons. Elle fut restaurée en 1959 lors de son déménagement près de l'église.

La paroisse de Saint-François remonte au XVIIième siècle. Dès 1675, une chapelle en bois sert au culte. Lors de l'érection canonique de la paroisse en 1714, une église en bois remplace la première chapelle. Ce n'est qu'en 1734 que débuteront les travaux de maçonnerie de l'église actuelle par le maître-maçon Thomas Allard. Gabriel Gosselin montera la charpente en 1735 et le clocher en 1737.

Au XVIIIième siècle, trois statues sont installées dans les niches du portail. Les Levasseur livrent en 1743 le tabernacle du maître-autel. Une première décoration intérieure va bon train: le sanctuaire est lambrissé, une chaire et un banc d'oeuvre sont acquis par la fabrique. Il ne reste de cette première décoration que le tabernacle du maître-autel des Levasseur et le tabernacle de l'autel latéral gauche.

Lors du siège de Québec en 1759, les troupes anglaises débarquent à Saint-François et transforment l'église et le presbytère en hôpital pour leurs blessés.

Des réparations, devenues nécessaires à la suite de l'occupation anglaise, sont exécutées de 1760 à 1765. Commencera alors une deuxième période de décoration (fin du XVIII ième siècle) dont il ne reste que le tombeau du maître-autel exécuté par les Levasseur en 1771-1773, des lustres en bois et fils de fer faits par François Lepage en 1797 et le tableau de saint François de Sales dans le retable du maître-autel peint par François Baillargé en 1798. Le retable des Levasseur, la nouvelle chaire et le nouveau banc d'oeuvre exécutés à cette période, disparaîtront plus tard et seront remplacés encore une fois.

La première sacristie fut construite en 1814-1815. En 1877-1878, elle fut exhaussée et agrandie; on bâtit en même temps une petite chapelle attenante à la nouvelle sacristie.

L'intérieur actuel de l'église date des travaux de décoration intérieure exécutés de 1835 à 1854. André Paquet sculpte le retable, la corniche et l'ornementation de la voûte (1835-1840); Louis-Xavier Leprohon réalise la chaire en 1842-1844 et Louis-Thomas Berlinguet, le banc d'oeuvre en 1843-1844. Les fonts baptismaux sont l'oeuvre d'Olivier Samson en 1854.

La façade de l'église connaîtra des transformations majeures. En 1863, un nouveau clocher remplace l'ancien élevé en 1821. En 1864, on enlève les statues de bois devenues irrécupérables par l'usure des ans et le manque d'entretien; on cache ensuite les niches vide par un lambris de bois qui recouvre toute la façade.

La transformation de l'église se poursuivra en 1900 alors que les trois autels seront vendus et remplacés par des autels neufs achetés chez Villeneuve, à Québec.

De 1953 à 1955, une restauration guidée par M. Gérard Morisset, alors conservateur du Musée du Québec, redonne à l'église l'aspect qu'elle avait au début du XIXième siècle. Le maître-autel des Levasseur est retrouvé et réinstallé dans le choeur; le lambris est retiré et le mur réparé; trois nouvelles statues représentant le Sauveur, saint Jacques le Majeur et saint François de Sales, sculptées par Denys Morisset regagnent les niches de façade désertées depuis cent ans. Un clocher à deux lanternes, réplique de celui monté par Jean-Baptiste Caillouet en 1821 remplace le clocher de 1863.

**206**

Des réparations effectuées à la cheminée, à la toiture et à l'enduit extérieur de même que le remplacement des fenêtres ont redonné à cette maison son air d'autrefois.

La majeure partie de l'église Saint-Jean date de 1732-1734. La façade, le clocher et la maçonnerie qui le soutient furent construits en 1852 par l'architecte Louis-Thomas Berlinguet pour agrandir l'édifice. Le sculpteur Louis-Basile David réalisa l'ensemble décoratif dans les premières années du XIXième siècle et Joseph Dion fit les fonts baptismaux en 1855.

**Saint-Jean
829, avenue Royale
Maison Pouliot
Construite dans la première moitié
du XIXième siècle
I.B.C., 77-033-1 (22)**

**Saint-Jean
783, avenue Royale
Manoir Mauvide-Genest
1734
Restauré d'abord en 1926-1927 et
ensuite en 1972-1974
I.B.C., 75-293-4A (22)**

Cette maison de la première moitié du XIX ième siècle, en pièce sur pièce à coulisse, serait l'une des plus anciennes demeures du village de Saint-Jean. Inhabitée depuis plusieurs années, la maison, aujourd'hui en piètre état, devait avoir fière allure avec sa cheminée centrale et son revêtement d'origine fait de planches verticales chaulées.

Jean Mauvide, médecin de Saint-Jean, fit construire ce manoir en pierres des champs crépies, en 1734. En 1752, il devient seigneur de la moitié de l'île d'Orléans en achetant les droits du chanoine Gaillard, héritier du seigneur Guillaume Gaillard. Le manoir Mauvide-Genest, propriété de la famille Pouliot depuis 1926, abrite une collection d'objets usuels de fabrication artisanale et de meubles de tradition française et anglo-saxonne que le public peut visiter. La chapelle récente fut ajoutée par les Pouliot. Des exemples de ce type de manoir se retrouvent en France.

**208**

**Saint-Laurent,**
**918, avenue Royale**
**Maison Poitras**
**Construite au début du XIXième siècle**
**restaurée en 1974-1975**
I.B.C., 75-198-12 (22)

**Saint-Laurent**
**Maison Gendreau**
**Construite à la fin du XVIIième siècle**
**1964**
I.B.C., 75-206-5 (22)

Des pierres des champs de grosseur particulièrement variable furent utilisés dans l'érection de cette maison. A noter, les grosses pierres du mur-pignon est que l'on voit sur la photo ci-jointe. La présence des pièces de bois dans la maçonnerie nous montre que ce mur fut, pendant de nombreuses années, lambrissé afin de le protéger du «nordet». Un appentis s'apuie sur ce mur.

La tradition orale donne à cette maison plus de 300 ans. Elle date probablement, au plus tard, de la fin du XVIIième siècle. Elle se caractérise par ses murs bas (8 pieds) et son toit aigu. Huit générations de la famille Gendreau ont habité cette maison entre 1728 et 1964.

**Boischatel**
**5361, avenue Royale**
**Maison Jacob (maison Turcotte)**
**1839**
**I.B.C., 75-185-3 (22)**

**Boischatel**
**5580, avenue Royale**
**Manoir de Charleville**
**Construit entre 1670-1783, et après 1760**
**1964**
**I.B.C., 75-256-9 (22)**

# 209

Cette maison construite en 1839 par la famille Jacob présente une dissymétrie de la toiture due à l'avancée du toit sur la galerie en façade. Les lucarnes et même la cheminée centrale sont recouvertes de tôle identique à celle de la couverture.

La maison en pierre, couverte en bardeaux, fut construite par un fermier de Charles Aubert de la Chenaye; elle devint, en 1677, manoir de la terre domaniale du fief de Charleville lorsque celui-ci fut concédé à Monsieur Aubert de la Chenaye. Après la Conquête, la maison fut agrandie de 20 pieds. Témoins de cet allongement, les deux extrémités du toit étaient, avant la restauration, de forme différente: l'une en croupe et l'autre à pignon.

L'Ange-Gardien
24, rue de la Mairie
Maison Laberge
1729-1732, XIXième siècle
I.B.C., 75-185-11 (22)

Douze générations de la famille Laberge ont habité cet emplacement de l'Ange-Gardien de 1663 à 1970. La maison telle que nous la voyons aujourd'hui résulte d'un agrandissement effectué au XIXième siècle à la maison de pierre construite entre 1729 et 1732 par Jacques Laberge. Cette dernière correspond aux 2/3 de la maison actuelle.

Au cours du XIXième siècle, la maison fut allongée jusqu'à ses dimensions actuelles: 70 pieds par 25 pieds. On construisit alors deux cheminées, une vraie et une fausse. Au fil des années, les fenêtres françaises et les volets disparurent; la tôle remplaça le bardeau sur la couverture; les coyaux s'ajoutèrent à la ligne du toit. En 1912, le four de la cuisine fut démoli. Ces modifications sont relativement mineures et la maison peu transformée reste un bon exemple d'habitat rural québécois.

On y a conservé un puits dans la cave, deux foyers, deux escaliers de bois du XIX ième siècle, une charpente à pannes, des plafonds de bois en pin à poutres apparentes, le premier plancher fait de madriers embouvetés de 1 1/2 pouce d'épaisseur par 7 à 10 pouces de largeur.

Cette longue maison en moellons recouverte d'un enduit chaulé constitue un bon exemple de maison de ferme adaptée aux grandes familles québécoises. Ce type d'habitation résulte toujours d'un ou de plusieurs agrandissements à une maison du XVIIIième siècle.

**Sainte-Anne-de-Beaupré**
**9050, avenue Royale**
**Maison Racine**
**ca 1780**
**I.B.C., 77-051-7 (22)**

**Saint-Joachim, Cap-Tourmente**
**Grande Ferme du Séminaire**
**1866**
**I.B.C., 76-905 (45)**

# 211

La maison et les bâtiments constituent un bel exemple de ferme de la Côte de Beaupré. La longue maison basse, rectangulaire, aux murs de pierre recouverts d'un enduit chaulé date de la fin du XVIIIième siècle. Par souci d'équilibre, de symétrie et peut-être de prestige, on a construit une fausse cheminée au pignon ouest.

La maison actuelle de la Grande Ferme du Séminaire date de 1866.

**212**

**Saint-Joachim,**
**Route de l'Église**
**Église Saint-Joachim 1770-1779**
**Presbytère fin XVIIIième siècle**
I.B.C., 77-604 (45)          I.B.C., 76-972 (45)

La première église de Saint-Joachim construite en 1685-1686 grâce à la générosité de Monseigneur de Laval et du Séminaire de Québec fut incendiée en août 1759 par les troupes anglaises.

La deuxième église, commencée en 1770, fut bénie en 1779. La décoration intérieure ne débutera réellement qu'en 1816 à la suite d'un marché entre la fabrique de Saint-Joachim et les Baillargé, père et fils, François et Thomas.

François Ballargé avait déjà sculpté un tabernacle, un crucifix et des chandeliers en 1783 et 1784. Les Baillargé accomplissent dans cette église un sanctuaire vraiment remarquable contenant des oeuvres fort belles. Le mur du choeur comprend, outre les trophées et les chutes de fleurs, quatre médaillons en bas-relief représentant des scènes de l'enfance du Christ: l'adoration des mages, l'adoration des bergers, la présentation au temple et Jésus au milieu des docteurs. Deux autres bas-reliefs représentent la Foi et l'Espérance.

L'originalité du retable est accentuée par la présence des quatre évangélistes, grandeur nature, assis entre les colonnes réunies par des festons de feuilles et de fleurs.

Le tombeau à la romaine, réalisé par un des Baillargé, est rehaussé d'un bas-relief illustrant la visite des trois Marie au tombeau le matin de Pâques. Ils exécutent aussi les retables des chapelles latérales en 1823, la corniche et l'ornementation de la voûte en 1824.

Plus tard, en 1833, Louis-Thomas Berlinguet complètera la décoration intérieure en réalisant la chaire et le banc d'oeuvre.

Le tableau du maître-autel, oeuvre de Jean-Antoine Aide-Créquy en 1779, représente l'offrande de la sainte Vierge à Dieu par son père, saint Joachim. Deux tableaux d'Antoine Plamondon ornent les chapelles latérales.

I.B.C., 77-608 (45)

**Saint-Féréol-les-Neiges**
**Maison Bernier**
**XVIIIième siècle**
**1973-1974**
I.B.C., 75-208-2 (22)

**213**

En 1895, les travaux exécutés d'après les plans de David Ouellet changèrent l'aspect de la façade de l'église; celle-ci fut revêtue de pierre de taille et la tour du nouveau clocher fut construite. La sacristie actuelle date de 1876.

Quant au presbytère, il semble dater de la période de reconstruction de l'église, soit de la fin du XVIIIième siècle. Fait remarquable, les encadrements en bois des portes du presbytère imitent ceux des portes du Château Bellevue au Cap-Tourmente réalisés en pierre de taille.

Cette maison du XVIIIième siècle en pierre crépie à l'intérieur et à l'extérieur, remarquablement bien conservée, a gardé jusqu'a nos jours sa charpente, ses planchers et plafonds et ses armoires encastrées d'origine. La laiterie disparue a été reconstruite en se basant sur les traces apparentes qu'elle avait laissées.

**214**

**Saint-Féréol-les-Neiges**
**Maison Burnham**
**XVIIIième siècle**
I.B.C., 75-207-7 (22)

**Baie Saint-Paul**
**Rang de la Goudronnerie**
**Moulin César**
**Début XIXième siècle**
I.B.C., 75-218-4 (22)

Cette maison a subi de grandes modifications. On lui a enlevé ses quatre lucarnes, sa cheminée en pierre et ses murs intérieurs; on a remplacé un toit en bardeau par une couverture de tôle; ses poutres furent sciées. Située au milieu des champs, sans route pour s'y rendre, la vieille maison, jadis ferme modèle, est devenue une remise pour instruments agricoles.

Il s'agit d'un moulin à farine construit au début du XIXième siècle dans un endroit isolé. Il ne fonctionne plus depuis cinquante ans et a été transformé en habitation. Tous les mécanismes en ont été enlevés et cette construction, si ce n'est son volume et sa proximité d'un ruisseau, pourrait maintenant se confondre avec une maison rurale.

**Ile-aux-Coudres (Saint-Louis)**
**Chapelles de procession**
**Saint-Pierre et Saint-Isidore**
**1836 et 1837**
I.B.C., 1098 (45)       I.B.C., 76-1666-36A (35)

**215**

Ces deux chapelles de procession furent élevées en 1836 et 1837 l'une à l'est et l'autre
à l'ouest de l'église. Elles servent encore,
à tour de rôle, pour la procession de la
Fête-Dieu. Les chapelles en pierre, au chevet arrondi, abritent chacune un autel; le
tabernacle de la chapelle du nord-est dédiée
à Saint-Isidore provient, croit-on, de l'église
du XVIIIième siècle et aurait été sculpté
à l'atelier des Levasseur en 1773.

**Ile-aux-Coudres (Saint-Louis)**
**247, chemin du Moulin**
**Moulin à eau Desgagné**
**1824**

**216** Photo 1956

I.B.C., 1276 A-5          I.B.C., 76-729 (45)

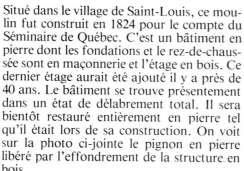

Situé dans le village de Saint-Louis, ce moulin fut construit en 1824 pour le compte du Séminaire de Québec. C'est un bâtiment en pierre dont les fondations et le rez-de-chaussée sont en maçonnerie et l'étage en bois. Ce dernier étage aurait été ajouté il y a près de 40 ans. Le bâtiment se trouve présentement dans un état de délabrement total. Il sera bientôt restauré entièrement en pierre tel qu'il était lors de sa construction. On voit sur la photo ci-jointe le pignon en pierre libéré par l'effondrement de la structure en bois.

On y trouve de magnifiques mécanismes dont une roue à godets de vingt pieds de diamètre parfaitement bien conservée.

**Ile-aux-Coudres (Saint-Louis)**
**Moulin à vent Desgagné**
**Fin XVIIIième siècle**
I.B.C., 77-570 (45)

**Ile-aux-Coudres (Saint-Louis)**
**Maison Bouchard**
**Restaurée en 1965**
I.B.C., 76-011-6A (35)

# 217

Un moulin aurait été construit initialement à la pointe de l'Ile, à l'extrémité du village Saint-Louis, pour être ensuite déplacé près du moulin à eau.

Son histoire n'a pu être établie avec certitude. Il est assez vraisemblable qu'il fut construit à la fin du XVIIIième siècle ou au début du XIXième siècle quoiqu'une pierre incorporée au mur du rez-de-chaussée porte le sigle IHS souvent utilisé par les Jésuites et l'inscription «1711»; celle-ci provient probablement d'une autre construction, démolie, antérieure à celle du moulin.

Ce moulin à vent suscite un intérêt particulier en raison de l'excellent état de conservation tant de ses mécanismes que de son bâtiment.

Une photo ancienne montre que le moulin aurait eu, à une certaine période, trois ailes au lieu de deux; la disposition des bras en X plutôt qu'en croix laisse croire qu'une troisième aile, brisée au moment de la photo, avait déjà complété l'ensemble.

Cette maison aurait été construite, dit-on, par Claude Bouchard, tailleur de pierre, ancêtre de la famille, à son arrivée à l'île-aux-Coudres au XVIIième siècle. La maison de Claude Bouchard, si tel est le cas, a subi de multiples modifications au cours des siècles. Une cuisine d'été en pièces sur pièces a été ajoutée à la maison en pierres des champs.

**218**

**Ile-aux-Coudres (La Baleine)**
**Rang La Baleine**
**Maison Leclerc**
**1750**
**1961**
I.B.C., 75-220-10 (22)

**Saint-Urbain**
**Rang Saint-Jean-Baptiste**
**Bâtiments Ernest Lajoie**
I.B.C., 76-1052-17 (35)

Toujours habitée par des Leclerc, cette maison de pierre fut construite vers 1750. La couverture et les pignons en planches recouverts de bardeaux de cèdre, la forme trapue, la porte d'entrée très basse et le plancher du rez-de-chaussée au niveau du sol contribuent à donner à cette maison un air unique et une valeur architecturale certaine.

Les couvertures en chaume ou herbe-à-liens (Spartina Pectina) sont aujourd'hui devenues très rares. Il reste les bâtiments illustrés ci-haut dans Charlevoix et une vingtaine d'autres dans la région du lac Saint-Pierre. Les couvreurs de chaume de cette région mentionnent que l'herbe-à-liens, haute de 4 à 5 pieds, ramassée à la fin d'octobre sur les bords du lac devient de plus en plus rare, et ce, depuis les années '40.

L'arrivée de la tôle, associée aux variations climatiques défavorables à la pousse de l'herbe et à un désir de modernisation, a donc provoqué la décadence du chaume.

Pourtant on assure que l'herbe est un bien meilleur isolant que la tôle ou le bardeau: la grange reste plus fraîche l'été et plus chaude l'hiver.

Il est évident qu'un fermier voulant couvrir un bâtiment en herbe devra se donner plus de mal que s'il couvre en tôle. Il devra d'abord faucher l'herbe, la laisser sécher, la lier en botte et la transporter chez lui. De plus, la couverture étant très lourde (4 à 5 tonnes pour un bâtiment de 30 par 40 pieds) les bois de la charpente devront être plus gros et plus nombreux. Les chevrons en bois

**Sainte-Agnès**
**Route Rurale no 1**
**Église Sainte-Agnès**
**1830**
I.B.C., 75-221-12 (22)
I.B.C., 76-451 (45)

**219**

rond de pruche, d'épinette ou de sapin seront distancés de 4 à 6 pieds seulement.

La technique de recouvrement des toitures
en chaume est relativement facile, au dire
des derniers couvreurs, quoique très dure
pour les genoux: ils doivent rester agenouillés
sur des gaules (bois rond de bouleau ou
d'autre arbre) sur lesquelles on dispose
l'herbe à couvrir.

Le schéma général de recouvrement est le
suivant:

- on cloue les gaules sur les chevrons à une
distance moyenne de 12 pouces les unes des
autres;
- on fixe l'herbe en mettant un plion (perche
de bois rond, plaine ou bouleau) qu'on relie
à la gaule par une broche à foin, ou jadis,
par une petite branche souple de coudrier
ou de noisettier;
- on étend une nouvelle botte d'herbe au-
dessus de la précédente; cette herbe recou-
vrira le plion qu'on vient de poser.

Ces couvertures atteignent une épaisseur d'à
peu près 12 pouces et selon les dires des
vieux couvreurs, elles peuvent durer près de
80 ans.

La plus ancienne église de Charlevoix encore debout fut bâtie en bois en 1840 et est
jointe à un cimetière ceinturé d'un mur en
pierre. La décoration intérieure fut exécutée de 1840 à 1842 d'après les plans de
Thomas Baillargé. L'église Sainte-Agnès
compte quelques peintures d'Antoine Plamondon dont celle de sainte Agnès exécutée en 1874 et placée au-dessus du maître-
autel.

**Laterrière**
**Église et presbytère**
**Notre-Dame-de- Laterrière**
**1862-1863**
I.B.C., 75-297-2 (22)
I.B.C., 75-258-2 (22)

**Laterrière**
**Rang 4**
**Moulin du père Honorat**
**1846**
**1975-1976**
I.B.C., 75-259-2 (22)

Ce moulin est situé sur la rivière du Moulin au grand Brûlé (aujourd'hui Laterrière). Construit en pierre de granit, il a deux étages et demi.

La construction commença à la fin d'avril 1846, grâce à l'impulsion et à la générosité du père Jean-Baptiste Honorat O.M.I. Le moulin fut vendu en 1853 à Jules Gauthier cultivateur, dont la famille en resta propriétaire jusqu'en 1969.

Transformé en résidence, le moulin n'a conservé aucun mécanisme.

L'extérieur de l'église subit peu de modifications apparentes, malgré les réparations, depuis son érection en 1862-1863 d'après les plans de l'architecte J.-F. Langlais. Par contre, l'intérieur résulte d'une longue série de transformations et de réparations depuis 1871, année où le premier revêtement de plâtre fut donné à l'église. Le presbytère en bois, situé à côté, date de la même période.

**Desbiens**
**Vieille poudrière sur le site**
**du poste de Métabetchouan**
**ca 1800**
**1969**
I.B.C., 75-259-5 (22)

I.B.C., 77-542 (45)

**221**

La vieille poudrière constitue aujourd'hui le seul bâtiment témoin de l'intense activité commerciale qui eut jadis lieu à cet endroit connu alors sous le nom de poste de traite de Métabetchouan.

Le poste de Métabetchouan, avant même l'établissement d'une mission et d'un poste de traite au XVIIième siècle, était un lieu de rencontre pour les tribus montagnaises où se faisaient des échanges de marchandises et où des représentants de plusieurs tribus délibéraient et réglaient des questions d'intérêt général.

En 1676, Charles Bazire fonde, au nom du Roi, deux postes de traite, l'un à Métabetchouan et l'autre à Chicoutimi; en même temps les Jésuites établissent une mission à Métabetchouan. À la fin du XVIIième siècle, plusieurs bâtiments de bois y furent construits: une maison et un magasin pour la traite, une chapelle, une maison des missionnaires et un bâtiment pour les animaux de la ferme.

Le poste constitue alors le centre économique du lac Saint-Jean; on y échange des pelleteries et du cuir en retour d'armes, d'outils et d'articles ménagers.

L'importance du poste diminue dès 1696 pour diverses raisons. D'une part, la ferme de la mission ayant été abandonnée par suite de la mort du frère Malherbe qui l'entretenait, les missionnaires quittent la mission permanente au profit de Chicoutimi où s'arrêtent les navires d'approvisionnement. D'autre part, le poste de traite continue à fonctionner tant bien que mal et ferme, au profit du poste de Chicoutimi, par suite d'épuisement de la faune aux abords du lac à cause des feux de forêt et de la chasse abusive.

L'activité commerciale du poste de traite reprendra vie à la fin du XVIIIième siècle sous l'impulsion de la Compagnie du Nord-Ouest et se développera avec la Compagnie de la Baie d'Hudson. Il n'y aura plus de mission permanente à Métabetchouan, mais une chapelle pour les Indiens y sera construite au XIXième siècle.

La poudrière aurait été construite vers 1800 par la Compagnie du Nord-Ouest. En 1828, le poste de traite comprend une maison, un hangar, une boulangerie, une étable et un jardin. La colonisation de la région commence vers 1855.

Le poste de traite de Métabetchouan sera fermé définitivement en 1880; tous les bâtiments qu'il contenait, à l'exception de la poudrière, furent déménagés à la Pointe-Bleue.

**222**

**Tadoussac**
**Rue McNab**
**Chapelle des Indiens**
**1747**
I.B.C., 75-361 (45)

**Pointe-des-Monts**
**Vieux phare: 1830**
**Vieille poudrière: 1867**
**Restaurés entre 1968 et 1975**
I.B.C., 75-358 (45)

Au tout début de la Nouvelle-France, Tadoussac s'est développé comme un important poste de traite et comme un centre de mission pour les Montagnais. La chapelle de Tadoussac érigée en 1747 par les soins du père Coquart, missionnaire jésuite, constitue la plus ancienne église de bois encore existante au Québec. Même si la chapelle est maintenant transformée en musée, on y célèbre encore la messe le jour de la fête de sainte Anne (26 juillet) pour rester fidèle à la promesse faite par le père Coquart à l'intendant Hocquart qui avait généreusement participé à la construction de la chapelle.

Située à 327 milles à l'est de Québec et à 100 milles à l'ouest de Sept-Iles, la pointe-des-Monts servait, selon les anciens géographes, de ligne de démarcation entre le fleuve et le golfe.

La construction de ce phare fut décidée par la maison de la Trinité, corporation établie en 1805 par le Parlement du Bas-Canada dans le but d'améliorer les conditions de navigation sur le Saint-Laurent. Le phare de la Pointe-des-Monts est le premier phare du golfe et le deuxième au Bas-Canada après celui de l'Ile Verte édifié en 1809. Plus tard, d'autres phares seront élevés à plusieurs endroits: Bisquet, pointes est, sud-ouest et ouest de l'île d'Anticosti, Cap-des-Rosiers, Pointe Amour et Forteau.

Le phare, situé sur un îlot relié à la terre ferme par un pont, fut construit en 1830 d'après les plans de l'architecte James Chillas. En 1850, on bâtit un édifice de 30 pieds par 18 pieds pour loger les naufragés et entreposer les vivres. Le gardien et sa famille habitent alors le phare. Démoli vers 1888, ce bâtiment sera par la suite remplacé par la maison du gardien.

I.B.C., 76-958 (45)

**Baie Sainte-Claire**
**Ile d'Anticosti**
**Four à chaux**
**1897**
I.B.C., 77-160 (45)

Le phare compte sept étages et brille à 93 pieds au-dessus de la plus haute marée. Le phare guidait les marins à la fois par des signaux lumineux et des signaux sonores. Les appareils lumineux et sonores ont subi de nombreuses modifications au rythme des progrès techniques. Dès 1867, les signaux sonores sont émis par un canon chargé à blanc. C'est dans le but d'abriter les explosifs destinés à alimenter les canons que l'on construit, en 1867, la poudrière, petit édifice rectangulaire en briques.

Le phare fut abandonné en 1964 alors que le gouvernement du Canada installa une tour moderne automatique et électrique. Il fut heureusement sauvé de la démolition et il est maintenant ouvert aux visiteurs.

Georges Martin-Zédé, responsable de la colonisation sur l'île d'Anticosti sous le règne de Henri Menier, fit ériger en 1897 un four à chaux destiné à fournir le nécessaire pour chauler maisons, bâtiments et clôtures. Construit en pierre calcaire, l'édifice, constitué principalement d'une tourelle, de murs de soutènement et de deux murets, aurait fonctionné jusqu'en 1945 et serait encore apte à produire de la chaux moyennant quelques réparations mineures.

**Index onomastique
Index thématique
Index administratif** **225**

Les références aux monuments suivent l'ordre chronologique de construction; certains monuments ayant vu leur affectation changer, on en retrouvera la mention dans chacun des regroupements correspondants.

## Édifice à bureaux

Façades de la rue Saint-Jacques. Montréal. ca 1870 à ca 1885, page 67.

Édifice Grothé, L.O. Montréal. ca 1906, 1917, page 55.

## Église catholique

Église Notre-Dame-des-Victoires. Québec. 1688, 1723, 1816, page 186.

Église Saint-François-de-Sales, choeur de Neuville. 1696-1715, page 116.

Église Saint-Pierre. Saint-Pierre, Ile d'Orléans. 1716-1718, page 200.

Église Saint-Jean. Saint-Jean, Ile d'Orléans. 1732-1734; 1852, page 206.

Église Saint-François-de-Sales. Saint-François, Ile d'Orléans. 1734, page 204.

Église de la Visitation de la Bienheureuse Vierge Marie. Montréal (Sault-au-Récollet). 1749-1751, 1851, page 70.

Église Notre-Dame-de-Bon-Secours. L'Islet. 1768, 1830, 1884, page 145.

Basilique Notre-Dame-de-Québec. Québec (1647, 1684, 1744), 1768, 1843, 1888, page 176.

Église Saint-Joachim. Saint-Joachim. 1770-1779, page 212.

Église Saint-Joachim. Châteauguay. 1775-1779, 1840, page 75.

Église Saint-Jean-Port-Joli. Saint-Jean-Port-Joli. ca 1779, 1815, 1876, page 146.

Église Saint-Pierre-du-Sud. Saint-Pierre-du-Sud. 1784, page 140.

Église Saint-Mathias. Saint-Mathias de Rouville. 1784, 1816-1822, page 96.

Église Sainte-Jeanne-de-Chantal. Ile Perrot. 1786, 1901, page 17.

Église Saint-Antoine-de-Tilly. Saint-Antoine-de-Tilly. 1788, 1902, page 134.

Église Saint-Michel. Vaudreuil. 1789, 1859, page 14.

Église Sainte-Famille. Boucherville. 1801, 1844, page 82.

Église Sainte-Marguerite-de-Blairfindie. L'Acadie. 1801, page 92.

Église Saint-Paul. Saint-Paul. 1803, page 33.

Église Saint-Grégoire. Saint-Grégoire-de-Nicolet. 1806, 1850, page 129.

Église Saint-Jean-Baptiste. Saint-Jean-Baptiste-de-Rouville. 1807, 1886-1887, page 97.

Église de La Présentation. La Présentation. 1817-1820, page 99.

Église Saint-Louis. Lotbinière (Saint-Louis de). 1818, 1888, page 132.

Église Saint-Charles-Borromée. Charlesbourg. 1828, page 194.

Église Saint-Pierre. Sorel. 1826-1830, page 87.

Église Sainte-Agnès. Sainte-Agnès. 1830, page 219.

Église Saint-Sulpice. Saint-Sulpice. 1832, page 31.

Église Saint-Hilaire. Mont-Saint-Hilaire. 1830-1840, page 98.

Église Saint-Eustache. Saint-Eustache. (1782) 1833, 1840, 1906, page 21.

Église Saint-Joseph. Deschambault. 1834-1837, page 111.

Église Sainte-Luce. Sainte-Luce. 1838-1840, 1914, page 151.

Église Saint-Georges. Cacouna. 1845-1848, 1891, page 149.

Église Saint-Édouard. Gentilly. 1845-1849, 1904, page 130.

Église Saint-François-du-Lac. Saint-François-du-Lac. 1845-1849, page 126.

Église Saint-Elzéar. Saint-Elzéar. 1852-1854, page 135.

Église Sainte-Rose-de-Laval. Laval. 1852-1856, page 23.

Église Saint-Isidore. Saint-Isidore. 1854, page 137.

Église Notre-Dame-de-Laterrière. Laterrière. 1862-1863, page 220.

Église du Gésu. Montréal. 1864-1865, page 63.

Église Saint-Bernard. Saint-Bernard. 1871-1873, page 136.

## Église (chapelle) protestante

Chapelle Cuthbert. Berthier. 1786, page 34.

Église Saint-Stephen. Chambly. 1820, page 94.

Ancienne église méthodiste. Aylmer. 1827, page 11.

«Old Congregational Church». Eaton Corner. 1840, page 122.
Église «Christ Church». Sorel. 1842-1843, page 86.

## Éléments de fortification

Tours Est et Ouest du fort des Messieurs de Saint-Sulpice. Fin XVIIIième siècle, page 46.
Blockhaus. Lacolle. 1812, page 89.

## Ensemble architectural (architecture conventuelle)

Séminaire de Québec. Québec. 1678 à 1830, page 174.
Ancien Séminaire. Nicolet. 1827 à 1833, page 128.
Domaine des Soeurs Grises. Montréal. 1869 à la fin du XIXième siècle, page 48.

## Fort complet

Fort Ingall. Cabano. 1839-1842, page 148.

## Four à chaux

Four à chaux. Baie Sainte-Claire. Ile d'Anticosti. 1897, page 223.

## Four à pain

Four à pain de la maison Routhier Sainte-Foy. date inconnue, page 157.
Four à pain du manoir Couillard-Dupuis. Montmagny. ca 1789, page 142.
Four à pain. Saint-Épiphane. 1910, page 148.

## Hôpital

Ancien Hôpital-Général. Montréal. 1869 à la fin du XIXième siècle, page 48.

## Hôtel de ville

Hôtel de ville de Eaton Corner. Comton. 1825, page 122.
Ancien Palais de Justice. Napierville. 1834, page 90.
Ancien hôtel de ville. Lauzon. Fin XIX ième siècle, page 139.

## Laiterie

Laiterie de la maison Casault. Montmagny. ca 1750, page 141.
Laiterie de la maison Jamme, Baptiste. Kirkland. ca 1760, page 42.
Laiterie de la maison Bernier. Saint-Féréol-les-Neiges. XVIIIième siècle, page 213.
Laiterie de la maison Sharpe. Saint-Lambert. Date inconnue, page 78.

## Maison

Manoir de Charleville. Boischatel Entre 1670 et 1683, ca 1760, page 209.
Maison Jinchereau. Saint-François. I.O. ca 1673, page 202.
Maison Jacquet. Québec. 1677 et XIXième siècle, page 177.
Maison «L'Atre». Sainte-Famille. I.O. ca 1680, XVIIIième siècle, page 201.
Maison Dupont-Renaud. Québec. 1686-1695, 1768, page 185.
Maison Demers. Québec. 1688, 1764, XXième siècle, page 187.
Maison Nivard de Saint-Dizier, Étienne. Verdun. Avant 1693, page 44.
Maison Saint-Gabriel. Montréal, page 45. (1688), 1698, 1826.
Maison Therrien. Laval. XVIIième siècle, page 22.
Maison Gendreau. Saint-Laurent. I.O. Fin XVIIième siècle, page 208.
Maison Imbeau. Saint-François. I.O. Début XVIIIième siècle, page 203.
Maison Routhier. Sainte-Foy. 1705 et 1720, page 157.
Maison de la Côte-des-Neiges. Montréal ca 1713, page 46.
Maison des Jésuites. Québec. 1713-1739, page 185.
Maison Roy. Beaumont. ca 1720, page 140.
Maison Morency-Demers. Sainte-Famille. I.O. ca 1720, date inconnue,
Manoir de Tonnancour. Trois-Rivières. ca 1723, ca 1795, page 108.
Maison Fornel. Québec. 1724, page 186.
Maison des Jésuites. Sillery. Premier quart du XVIIIième siècle, page 158.
Maison Montcalm. Québec. 1725 à 1851, page 172.

## Maison de campagne (architecture conventuelle)

## Moulin à eau

## Moulin à vent

## Palais de justice et Cour de tournée

## Phare et poudrière

## Place publique

Places d'Armes. Trois-Rivières. Nommée ainsi depuis environ 1750, page 107.
Carré Royal. Sorel. ca 1783, page 85.

## Presbytère et salle paroissiale

Presbytère Saint-Joachim. Saint-Joachim. Fin XVIIIième siècle, page 212.
Presbytère Saint-Joseph. Deschambault. 1816, page 112.
Presbytère Sainte-Marguerite-de-Blairfindie. L'Acadie. 1821, page 92.
Salle des Habitants. L'Islet. 1827, page 144.
Bureau d'enregistrement. Sainte-Julienne. ca 1833, page 32.
Presbytère. Cacouna. 1835, page 149.
Vieux presbytère. Saint-Bruno-de-Montarville. ca 1840, page 95.
Presbytère de Grondines. Grondines. 1841, page 110.
Presbytère protestant. Sorel. 1843, page 86.
Presbytère. Laterrière. ca 1865, page 220.
Presbytère. Saint-Bernard. 1866, page 136.

## Prison

Ancien Palais de Justice. Napierville. 1834, page 90.

## Théâtre

Monument national. Montréal. 1893-1894, page 64.

## 04- Mauricie - Bois-Francs

## 05- Cantons de l'Est

## 07- Outaouais

## 08- Abitibi - Témiscamingue

## 09-Côte Nord